株スキャルピングで毎日を給料日にする!

二階堂重人
SHIGETO NIKAIDOU

Subarusya

はじめに

私は株のデイトレードをはじめてから約21年になります。

毎日何十回とトレードを繰り返すのですが、そのうちの8割から9割が「スキャルピング」というトレードです。

スキャルピングとは、わずかな値幅を狙うトレードのことです。

デイトレードのほとんどをスキャルピングにしているのには理由があります。

それは、どのような相場状況でも手堅く稼げるからです。

上昇相場はもちろん、下落相場でも稼げます。極端な話をすると、暴落している状況でも稼げます。

スキャルピングの技術があれば、運に左右されることなく、手堅く稼げる。

それこそ、毎日を給料日にすることができるわけです。

はじめに

私自身、トレードをした日はほぼ毎日、利益を出しています。

私以外でも、スキャルピングでほぼ毎日、利益を出している人はたくさんいるようです。

「毎日のように利益が出ても、小さな値幅を狙うのではそれほど稼げないのでは？」と思った方もいることでしょう。

たしかに、小さな値幅を狙うので、1回のトレードで得られる利益はそれほど多くないといえます。

しかし、1日に数十回とトレードを繰り返すので、利益はそれなりの金額になります。

また、ときには、大きな値幅狙いに切り替えることがあります。後で詳しく述べますが、上昇トレンド中の株をスキャルピングで買って上手く利益が出たら、買った株の半分をスキャルピングとして利益を確定させ、残り半分の株で大きな値幅を狙います。これが上手くいくと大きな利益を得られるわけです。ときどき、ストップ高まで上昇してかなり大きな利益を得られることもあります。

スキャルピングの技術を上達させれば、このようなトレードもできるわけです。

本書は、株スキャルピングのやり方についてまとめたものです。

私が約21年のデイトレード経験で得た、スキャルピングの知識やノウハウを書いています。

スキャルピングに興味を持っている方は、ぜひ読んでください。

そして、スキャルピングで稼げるようになって、毎日を給料日にしてください。

二階堂重人

目次

CHAPTER 02
第2章 スキャルピングの準備をしよう！

CHAPTER 03
第3章 トレードツールについて

CHAPTER 04 第4章 スキャルピングの基本を学ぼう！

CHAPTER 05
第5章 リスク・コントロールを学ぼう！

CHAPTER 06

第6章 スキャルピングの銘柄選び

CHAPTER 07

第7章 ブレイクアウト手法をマスターしよう!

CHAPTER 08

第8章 リバウンド狙い手法をマスターしよう！

CHAPTER 09

第9章 レンジ手法をマスターしよう！

CHAPTER 10

第10章 板読み・歩み値読み手法をマスターしよう！

CHAPTER 01

第1章

スキャルピングを始めよう！

CHAPTER 01

01 スキャルピングとは？

本書では、「スキャルピングのやり方」や「スキャルピングで勝つコツ」を解説していきます。

読者の中には初心者の方もいると思いますので、まずはスキャルピングについて説明しましょう。

スキャルピングとは、わずかな値幅を取るトレードのことです。英語の「スカル（薄皮を剥ぐ）」が語源になっているようです。薄皮を剥ぐように、薄い利益（わずかな利益）を狙っていくわけです。

数秒から数分という極めて短い時間の売買を何度も繰り返し、利益を積み重ねていきます。利益が出そうなタイミングだけでトレードを繰り返して、利益をどんどん増やしていくわけです。

CHAPTER 01

02 デイトレードとスキャルピングの違い

デイトレードとスキャルピングの違いがよくわからない、という方もいることでしょう。

デイトレードとは、1日のうちで売買を完結させるトレードのこと

スキャルピングとは、わずかな値幅を狙うトレードのこと

デイトレードは「売買の時間軸」がポイントになります。「1日のうち」という時間軸がポイントになるわけです。「狙う値幅」は関係ありません。1円でも数十円でも関係ないわけです。

スキャルピングは「狙う値幅」がポイントになります。「わずかな値幅」がポイントになるわけです。1円とか数円の値幅を狙います。

スキャルピングはその日のうちに売買を完結させることが多いので、ほとんどがデイトレードになります。

CHAPTER 01

03 スキャルピングではどのくらいの値幅を狙うのか？

では、スキャルピングではどのくらいの値幅を狙うのでしょうか。

一般的には「数ティック」です。

ティックとは、「呼値」のことです。呼値とは、証券取引所における取引で示される売り買いの値段の「きざみ」のこと。

実際、どのくらいの値幅を狙うのかは、トレーダーによって異なります。

私の場合、株価1000円未満の銘柄であれば、1円から5円の値幅を狙います。

たとえば、

「500円で買って、503円で売る」

「300円で買って、302円で売る」

というようにしています。このくらいの値幅をイメージしておいてください。

◆1円の値幅を狙うこともある

　スキャルピングでは1円の値幅を狙うこともあります。

たとえば、

「500円で買って、501円で売る」

「300円で買って、301円で売る」

というように、1円の値上がりを狙うわけです。

下落後に株価が1円上がる（戻る）ときなど、1日のうちに何回もあります。

稼げるチャンスもたくさんあるというわけです。

CHAPTER 01

04 わずかな値幅で儲けられるのか？

先にも述べた通り、スキャルピングではわずかな値幅を狙います。1回のトレードで数ティックの値幅を狙います。場合によっては、1円の値幅を狙うこともあるわけです。

「わずかな値幅で儲けられるのか？」

このように思った方もいることでしょう。

わずかな値幅でも儲けることは可能です。

ただし、売買手数料を安く抑える（または無料にする）ことが条件になります。

売買手数料の高い証券会社でトレードをしていたのでは、儲けることは難しくなってしまいます。

売買手数料を安く抑える方法については、この後の「準備編」の章で解説するので、そちらを参考にしてください。売買手数料を無料にすることができます。

売買手数料を安く抑えることができれば、わずかな値幅でも利益が出ます。

もちろん、1回のトレードで得られる利益はそれほど多くありませんが、トレードのチャンスが多いので、1日やると、それなりの利益になります。

「手数（トレードの回数）で稼ぐ」といったイメージでいいでしょう。

CHAPTER 01

05 スキャルピングは稼ぐ技術がないと、あっという間に資金が大きく減ってしまう

スキャルピングをしている人のほとんどは、1日に数十回、トレードをしています。多い人は1日に100回以上のトレードをします。

1回のトレードで得られる利益がそれほど多くないので、1日のトレード回数を多くして、1日で得られる利益を多くするわけです。

トレード回数が多いので、稼ぐ技術がないと、あっという間に資金が大きく減ってしまいます。トレードをすればするほど、計算上は資金が減っていくわけです。

資金を減らさないためにも、知識をしっかりと身につけてから始めましょう。

そして、トレードの技術が身につくまでは練習をしてください。練習方法については、後ほど解説します。

CHAPTER 01 06

スキャルピングのメリットを上手く活かそう！

スキャルピングで稼ぐにはメリットを上手く活かす、ということが大切です。
スキャルピングのメリットとは何でしょうか。
複数あるのですが、主なメリットは以下の3つです。

メリット①利益が出そうなところだけでトレードすることが可能
メリット②決めた値段でロスカットできる
メリット③短期間で資金を回転させ、複利で資産を増やせる

◆スキャルピングのメリット①利益が出そうなところだけでトレードすることが可能

1つ目のメリットは、「利益が出そうなところだけでトレードすることが可能」です。

たとえば、「上昇しているところだけを買いで取り、下落しているところだけをカラ売りで取る、といったトレードが可能」ということです。

スイングトレードや短期トレードの場合、頻繁に買ったり売ったりできないので、買いで入って株価が下落していても、少しの間は持ち続けなくてはなりません。

しかし、スキャルピングの場合は、上昇しているところだけを買いで取ることが可能です。

◆スキャルピングのメリット② 決めた値段でロスカットできる

2つ目のメリットは、「決めた値段でロスカットできる」です。

ロスカットとは、含み損が出た株を売って、損失を確定させることです。「損切り」ともいいます。ロスカットをすることで、損失を限定することができます。

スイングトレードの場合、買った株がギャップダウンしてしまい、決めた値段でロスカットできない、ということがあります。

たとえば、「株価が400円まで下がったらロスカットしよう」と決めていても、ギャップダウンして380円から取引が始まった場合、決めた値段でロスカットできないわけです。

スキャルピングの場合も、特別売り気配になって決めた値段でロスカットできないことがあります。しかし、ほとんどの場合は決めた値段でロスカットできます。

◆スキャルピングのメリット③短期間で資金を回転させ、複利で資産を増やせる

３つ目のメリットは、「短期間で資金を回転させ、複利で資産を増やせる」です。

スイングトレードの場合、１回のトレードにかかるスパンが数日から数週間になります。資金の回転が遅いわけです。

しかし、スキャルピングの場合、１回のトレードにかかるのは数秒から数十分です。10秒程度ということもよくあります。

資金の回転が速いため、その分、複利で資産を早く増やせます。

もちろん、トレードが上手であればということです。

CHAPTER 01

07 スキャルピングで稼ぐ技術を身につけて、毎日を給料日にする!

株トレーダーの収支は、大なり小なり運に左右されます。

スキャルピングとデイトレードを比較すると、デイトレードのほうが運に大きく左右されます。

たとえば、株価500円の銘柄をトレードの対象にして、デイトレードで30円の値幅を狙ったとします。

500円で買って、530円での利食いを狙う。

これはかなり大変です。30円の値幅はなかなか取れません。

まず株価がこのくらい動く銘柄を上手く見つけられるかどうか、という問題があります。

そしてこのくらいの値幅を取れるタイミングで入れるかどうか、という問題もあります。

銘柄を見つけられるかどうか、値幅を取れるタイミングで入れるかどうか、というのは、もちろん、技術も必要ですが、運も必要です。運がないと、株価500円の銘柄で30円の値幅を取れません。

では、500円の銘柄でスキャルピングをして、2円の値幅を狙ったとします。500円で買って、502円での利食いを狙う。

このくらいの値幅であれば、動く銘柄はたくさんあります。

また、このくらいの値幅であれば、運がなくても取ることができます。

スキャルピングの技術があれば、取れるわけです。

このように、デイトレードに比べるとスキャルピングは運に左右される部分がかなり小さいといえます。

そのため、稼ぐ技術があれば、毎日のように利益を得ることができます。

実際、スキャルピングでほぼ毎日、利益を得ているトレーダーはたくさんいるようです。

私自身も、ほぼ毎日、スキャルピングで利益を得ています。

読者の方も、スキャルピングで稼ぐ技術を身につけて、毎日を給料日にしてください。

CHAPTER 02

第2章

スキャルピングの準備をしよう!

CHAPTER 02

01 スキャルピングの資金はいくら必要なのか？

スキャルピングを始めるにあたって、「資金をいくら用意すればよいのか」と気になっている方もいることでしょう。

スキャルピングでは、複数の銘柄を同時に持つ、ということはあまりしません。基本的には、1銘柄だけを持ちます。「1銘柄だけを買って、売る。そして、また1銘柄だけを買って、売る」というトレードを繰り返します。

そのため、1銘柄だけをトレードできる資金があればよいわけです。

10万円くらいの資金でもできます。

ただし、10万円くらいの資金では買える銘柄がかぎられてしまいます。

できれば、50万円は用意したいところです。

この後で詳しく解説しますが、売買手数料を安く抑えるために信用取引を利用します。

この信用取引に必要な資金が最低30万円です（ネット証券で信用取引をするには30万円以上の委託保証金が必要）。

そのため、最低30万円で、余裕をもって、50万円くらいの資金を用意しましょう。

もちろん、これよりも多くの資金を用意してもかまいません。

ただ、はじめは練習が必要なので、多くの資金を用意できたとしても、50万円くらいから始めたほうがいいでしょう。

CHAPTER 02

02 証券会社を選ぶときのポイント

株の取引をするには証券会社に取引口座を開設しなければなりません。

スキャルピングにおいて、証券会社選びはとても重要です。

なぜなら、利用する証券会社によって、「トレードの収益」が大きく変わったり、「トレードの環境」が大きく変わるからです。

証券会社を選ぶときのポイントは、以下の2つです。

売買手数料
取引ツール

株の売買には売買手数料がかかります。売買手数料の金額は証券会社によって異なります。高いところもあれば、安いところもあります。また、無料のところもあります。

スキャルピングは1日の売買回数が多いので、売買手数料の差によって収益が大きく変わります。なるべく安い証券会社を選びましょう。

また、証券会社によって、「トレードの環境」が大きく変わります。

スキャルピングでは、「取引ツール」を使うことがあります。株を買うときや売るときに使います。

取引ツールは証券会社によって提供しているものが異なります。

1回のクリックで株を買ったり売ったりできるツールや、買った後に自動で売り注文を出せるツールなどがあります。

スキャルピングでは「売買の速さ」が収益を左右することがあります。

そのため、注文を速く出せるツールを提供している証券会社を選ぶことが大切になるわけです。

「どのツールがよいのか」ということは一概にはいえません。スキャルピングといってもさまざまなスタイルがあるので、人それぞれ、よいツールというのは違ってきます。自分のトレードスタイルにとってよいツールを探し、そのツールを提供している証券会社で口座を開設しましょう。

CHAPTER 02

03 取引にかかるコストを最小限に抑える

スキャルピングの場合、1日のトレード回数がかなり多くなります。「1日のトレード回数が1、2回」という人はいないでしょう。数十回が普通です。100回を超える人もけっこういるようです。私も1日数十回はトレードをします。トレード回数が多いので、取引にかかるコストには十分に注意しましょう。売買手数料が低い証券会社、売買手数料が低いサービスを使ってトレードすること。1円でも安いほうがいいです。トレード1回あたり1円の差でも、年間にするとかなりの金額差になります。

◆「1日限定の信用取引」がおすすめ！

売買手数料を安くするには、「1日限定の信用取引」を使うといいですよ。信用取引については後で説明します。

ここでは、「1日限定の信用取引」のことだけを説明します。

「1日限定の信用取引」とは、翌日以降に持ち越さない信用取引のことです。

松井証券の『一日信用取引』
楽天証券の『いちにち信用』
SBI証券の『日計り信用』
マネックス証券の『ワンデイ信用』
auカブコム証券の『デイトレ信用』

売買手数料は無料です。※証券会社によっては「信用取引の金利や貸株料」がかかります。

これを使わない手はないと思います。

初心者の方が売買手数料を払って、スキャルピングで利益を出すのは大変難しいことです。

「1日限定の信用取引」を利用して売買にかかるコストを抑えましょう。

これで、かなり低く抑えることができます。

ただし、持ち越してしまうと（大引けまでに決済しないと）、翌日の寄り付きで強制決済になります。手数料がかかってしまいます。注意してください。

CHAPTER 02

04 信用取引とは？

先にも述べた通り、「1日限定の信用取引」を利用することで、売買手数料を無料にすることができます。スキャルピングで儲けるには「1日限定の信用取引」が欠かせない、といってもいいでしょう。

そこで、ここからは信用取引について解説していきます。

信用取引とは、現金や金融商品を委託保証金として預け、証券会社から売買に必要な現金や株式を借りて行なう取引のことです。

主な特徴は以下の2つです。

①委託保証金の約3倍の金額の購入資金や株式を借りて取引ができる

②信用売り建て（カラ売り）ができる

たとえば、委託保証金として100万円を預けると、その3倍である300万円の取引ができます。

また、カラ売りができます。

カラ売りについては後で詳しく解説しますが、簡単にいうと、株を借りて、それを市場で売り、後から買い戻して返済するといった取引です。

売った値段よりも安い値段で買い戻すと、利益が出ます。「株価が下がると儲かる」というわけです。

信用取引はメリットが多いのですが、リスクが大きくなることもあるので、システムをよく理解してから利用しましょう。

CHAPTER 02

05

カラ売りとは？

カラ売り（空売り）とは、信用取引の「新規売り建て」のことです。委託保証金を担保にして、株を借り、それを市場で売ります。後から市場で株を買い戻し、返済します。

①株を借りて、市場で売る

↓

②株を市場で買い戻して、返済する

売った値段よりも低い値段で買い戻すと、利益が出ます。

逆に、売った値段よりも高い値段で買い戻すと、損失が出ます。

たとえば、ある銘柄を500円でカラ売りしたとします（※説明をわかりやすくするため、売買手数料と金利は含めません）。

500円よりも低い値段で買い戻せば、利益が出ます。

500円よりも高い値段で買い戻せば、損失が出ます。

値下がりで利益を狙う取引、と理解しておいていいでしょう。

◆カラ売りができる銘柄と、できない銘柄がある

どの銘柄でもカラ売りができるというわけではありません。

基本的に、制度信用取引でカラ売りができるのは「貸借銘柄」です。

貸借銘柄とは、制度信用取引で買い建てだけでなく、売り建てもできる銘柄のことです。

貸借銘柄に指定されていれば、カラ売りができるわけです。

CHAPTER 02

06

「制度信用」と「一般信用」の違い

信用取引には、「制度信用」と「一般信用」があります。

制度信用とは、証券取引所が制定している「制度信用銘柄選定基準」を満たした銘柄を対象とした信用取引のことです。

返済期限は最長6カ月で、品貸料（株式が不足した際、買い方が売り方に支払う調達費用）が取引所の規則で決められています。

一般信用とは、金利、貸株料および返済期限などを、証券会社と顧客との間で自由に決められる信用取引のことです。

返済期限は証券会社によって異なります。

一般信用では、制度信用で取引できない銘柄もカラ売りできる場合があります。

以前は、「この銘柄をカラ売りしたい」と思っても、制度信用の貸借銘柄になっていいないため、カラ売りができないことがよくありました。

しかし、現在では、一般信用でカラ売りできることがあります。一般信用を利用することで、カフ売りの対象銘柄が増えるわけです。

CHAPTER 02

07 信用取引を利用するときは自己資金の2倍くらいまでにする

信用取引をする上で大切なのは「資金管理」です。

ときどき、X（旧：ツイッター）で「追証が発生しました」「退場になりました」というポストを目にしますが、そこに至る経緯を読むと、たいがいは「ポジションの額が大き過ぎたことが原因」のようです。

信用限度枠の上限近くまでのポジションを建てれば、株価のわずかな変動で追証が発生したり、自己資金が大きく減ってしまいます。

信用取引を利用するときは、自己資金の2倍くらいまでにしておきましょう。

ちなみに、私自身は追証の経験がありません。慎重な性格なので、信用取引を始める前にリスクについてよく調べたからです。

私が信用取引をはじめた頃は「ネット取引」などなく、信用取引口座を開設するときに、証券会社の店頭で営業部長と面接を受けるという審査がありました。そのため、事前に信用取引の仕組みやリスクを勉強していたわけです。

それでも、ポジションの建て過ぎが原因で、追証が発生しそうになるくらいに資金が減ったことがありました。

十分に注意しましょう。

CHAPTER 03

第3章

トレードツールについて

CHAPTER 03
01

スキャルピングで必要なツールは？

スキャルピングではさまざまなツールを使ってトレードをします。使うツールは、人によって違ったり、トレードスタイルによって違ったりします。基本的には以下の３つになります。

チャート

板

歩み値

このほかにも、株価の分析をするときや発注するときに便利なツールがあります。すべてのツールを使う必要はありません。自分のトレードに必要だと思うツールだけを使いましょう。

CHAPTER 03

02 スキャルピングで使うチャート

まずは、スキャルピングで使うチャートから解説していきましょう。

チャートとは、株価の動きを表したグラフのことです。

チャートにはさまざまな種類があるのですが、一般的には「ローソク足チャート」のことをいいます。

スキャルピングで使うのは、主に以下のチャートです。

1分足チャート……ローソク足1本が1分間の値動きを表すチャート
3分足チャート……ローソク足1本が3分間の値動きを表すチャート
5分足チャート……ローソク足1本が5分間の値動きを表すチャート
日足チャート……ローソク足1本が1日分の値動きを表すチャート
TICKチャート……約定するごとに点をつけていくチャート

私は、1分足チャート、5分足チャート、日足チャートを使っています。

1分足チャートと5分足チャートは、「株価の傾向」や「売買のタイミング」を見極めるのに使っています。

3分足チャートは利用している証券会社で提供されていなかったので、使ったことがありません。

日足チャートは、「株価の傾向」や「リスクの度合い」を見極めるのに使っています。

TICKチャートは、デイトレ・ブームの頃に一時、デイトレーダーの間で流行ったチャートです。最近は使っている人をあまり見かけません。私も使っていません。

これらの中から、自分のトレードスタイルにあったチャートを使いましょう。

CHAPTER 03

03 板とは？

スキャルピングでは「板」を使います。
板とは、「取引所に出ている注文を表示したボード」のことです。
値段（気配値）だけでなく、注文状況も見ることができます。
板は証券会社に口座を開設していれば、ほとんどの場合、無料で見ることができます。

◆板の見方を覚えよう！

各証券会社のツールによって、板のデザインは異なりますが、表示されている内容は同じです。

中央の数字……値段（気配値）
左側の数字……売り注文の株数（売り気配株数）
右側の数字……買い注文の株数（買い気配株数）

中央に書かれている数字は値段です。

左側の数字は売り注文の株数です。たとえば、左の図では、「501円に5000株の売り注文」が出ています。

右側の数字は買い注文の株数です。たとえば、左の図では、「500円に1万5000株の買い注文」が出ています。

板はスキャルピングをする上で欠かせないツールなので、見方を覚えて、使うようにしましょう。

板の見方

板とは？

「取引所に出ている注文を表示したボード」のこと。

中央の数字……値段（気配値）

左側の数字……売り注文の株数（売り気配株数）

右側の数字……買い注文の株数（買い気配株数）

売株数	気配値	買株数
21000	505	
4000	504	
7000	503	
7000	502	
5000	501	
	500	15000
	499	8000
	498	9000
	497	5000
	496	11000

売り注文の株数

買い注文の株数

04 フル板は必要なのか？

最近は個人投資家でも「フル板」が見られるようになりました。

フル板とは、すべての注文を見ることができる板のことです。

以前は上下8本前後しか見ることができませんでした。

その当時、私は、「取引所に出ている注文をすべて見ることができるようになったら、もっとさまざまなトレード方法が使えるし、もっと稼げるようになるはず」だと思っていました。

現在はフル板が見られるようになりました。

では、スキャルピングにフル板は必要なのでしょうか。

この答えは「手法やトレードスタイルによる」です。手法やトレードスタイルによっては、必要になることもあります。

私は使っています。フル板を使って、現在の値段から離れたところの注文状況も把握しています。「下落幅」や「利食いの目処」などを想定するのに使っています。また、フル板が欠かせない手法があるので、そのトレードでも使っています。

CHAPTER 03

05 歩み値とは？

板やチャートを使ってスキャルピングをしている人は多いようです。
たしかに、スキャルピングでは板やチャートから得られる情報がとても重要です。
しかし、歩み値を使っている人は少ないようです。
歩み値とは、約定した株価と株数を時系列で表したものです。
「何時何分何秒に、いくらで、何株約定した」
ということが時系列で表示されるわけです。
これで注文状況を把握し、トレードに活かしましょう。
見るポイントは主に以下の４つです。

①株価がやや大きめに上がったとき、小口の買い注文で上がったのか、大口の買い注文で上がったのか

歩み値の見方

歩み値とは？

約定した株価と株数を時系列で表したもの。

左側の数字……時間

中央の数字……値段

右側の数字……約定出来高（単位は千株）

時刻	価格	出来高
09:11	350	5.5
09:11	350	2.2
09:11	350	11.5
09:10	350	1.2
09:10	349	3.7
09:10	350	4
09:10	349	0.5
09:10	349	0.5
09:10	349	8
09:10	348	10.7

②株価がやや大きめに下がったとき、小口の売り注文で下がったのか、大口の売り注文で下がったのか
③まとまった売り注文がなくなったとき、小口の買い注文でなくなったのか、大口の買い注文でなくなったのか
④まとまった買い注文がなくなったとき、小口の売り注文でなくなったのか、大口の売り注文でなくなったのか

このほかにも、アルゴリズム取引の注文状況を探ることもあります。

ただし、これは上級者にしかできないと思います。初心者の方は、先に挙げた4つのポイントをしっかり把握できるようになりましょう。

CHAPTER 03

06 発注ツールを利用しよう！

スキャルピングでは売買注文を早く出すことが大切です。「売買のタイミング（利益を出せるタイミング）がほんの数秒しかない」ということもよくあるからです。

売買注文を早く出すには「発注ツール」を利用するといいでしょう。

発注ツールとは、売買注文の発注をサポートするツールのことです。

デイトレーダーによく使われているのは、以下のツールです。

岡三ネットトレーダープレミアム（岡三オンライン）

HYPERSBI2（SBI証券）

マーケットスピード（楽天証券）

kabustation（auカブコム証券）

ネットストック・ハイスピード（松井証券）

NEOTRADEW（SBIネオトレード証券）
スーパーはっちゅう君（GMOクリック証券）
マネックストレーダー（マネックス証券）
武蔵（楽天証券）

人気があるのは、『マーケットスピード』や『ネットストック・ハイスピード』です。最近では、『武蔵』を利用する人も増えています。

ツールの中には、事前に売買株数を登録しておくと、注文の際に株数を入力しないで発注できるものがあります。

また、ワンクリック（クリック1回）で発注できるものもあります。このワンクリック発注は、スキャルピングで稼ぐためには欠かせません。利用することをおすすめします。

それぞれのツールの特徴については、各証券会社のウェブサイトで確認してください。

自分のトレードスタイルで使いやすいツールを見つけて、利用しましょう。

CHAPTER 03

07 『ネットストック・ハイスピード』を使って、板のワンクリックで発注する

おすすめの発注ツールは、『ネットストック・ハイスピード（松井証券）』です。ワンクリックで発注できるツールです（ダブルクリックに切り替えることも可能）。

先にも述べた通り、スキャルピングでは「売買のタイミング（利益を出せるタイミング）がほんの数秒しかない」ということもよくあります。とくに、アルゴリズム取引が普及してからは、利益を出せるタイミングが1秒以下ということも多くなりました。

そのため、1秒、いや、0・1秒でも早く注文を出す必要があります。

銘柄コードを入力して、株数を入力して、成行か指値を選択して、といった作業をしている時間がありません。

ネットストック・ハイスピードなら、事前に売買株数を入力しておけば、表示している板をクリックするだけで発注できます（スピード注文機能）。買うときも売るとき（買っ

た株を売るとき）も、ワンクリックで発注できるわけです。

松井証券に口座を開設していれば、ツールをダウンロードするだけで利用できます。

私も使っています。

ぜひ、試してみてください。

ツールのダウンロード方法、設定、使い方などは、松井証券のウェブサイトで確認してください。

ネットストック・ハイスピード

『ネットストック・ハイスピード（松井証券)』はワンクリックで発注できるツール。
スピード注文機能を使えば、表示している板をクリックするだけで発注できる。

画像出所：松井証券

CHAPTER 04

第4章

スキャルピングの基本を学ぼう!

CHAPTER 04

01

根拠があるところで買う

スキャルピングにかぎらずトレードでは、「根拠があるところで入る」ということが大切です。勘や雰囲気で入るのではなく、何かしらの根拠があるところで入ること。

たとえば、「強いレジスタンスラインの上抜け」「厚い売り板の上抜け」などです。「株価が強いレジスタンスラインを上抜けたので、少し上がるのではないか」「株価が厚い売り板を上抜けたので、少し上がるのではないか」というような根拠で入るわけです。

私の経験からですが、根拠がないところで入るよりも、根拠があるところで入るほうが、トータルでの勝率が高くなります。

また、根拠がないところで入っているトレーダーよりも、根拠があるところで入っているトレーダーのほうが、市場で生き残る確率が高いようです。

何かしらの根拠があるところで入りましょう。

CHAPTER 04

02 下支えがあるところで買う

たとえば、サポートラインや厚い買い板があるところの上で買う。

たったこれだけのことですが、下支えが何もないところで買うよりも、勝率が高くなります。

50回、100回……とトレードを繰り返していくと、利益に大きな差が出てきます。

また、下支えがあるところで買うトレードを繰り返していると、「強い下支え」と「弱い下支え」の違いがわかってきます。

そうなると、さらに勝率が高くなります。

なるべく、下支えがあるところで買うようにしましょう。

何を下支えと捉えるかは、トレードスタイルや手法によって違います。一般的には、「厚い買い注文」や「チャート上の節目」です。

CHAPTER 04

03 ポジションサイズは「売れる株数」で決める

ポジションサイズについて何回か質問を受けたことがあります。

「スキャルピングでは1回のトレードで何株買えばよいのですか」というような質問です。

この答えは、「売れる株数」です。買値から数円上がったときに売れる（利食いできる）株数。買値から数円下がったときに売れる（ロスカットできる）株数。

たとえば、株価500円で2万株買ったとします。買値から5円上がって株価が505円になっても、取引所に2万株以上の買い注文が出ていなければ利食いできません。

私自身、スキャルピングを始めた頃、欲を出して多くの株数を買ってしまい、値上がりしても少ししか売れず、そのまま持ち続けていたら値下がりしてしまった、ということが何度もありました。

板や歩み値で注文状況をよく把握し、売れそうな分だけ買うようにしましょう。

CHAPTER 04

04 「入った瞬間に含み益が出そうなタイミング」を狙う

スキャルピングでは、「入った瞬間に含み益が出そうなタイミング」を狙うようにしています。

買った瞬間、売った（カラ売りした）瞬間です。

約定を確認したら、もう含み益が出ている。

あとは利食いするだけ。

理想としては、入ってから10秒以内に利食いが完了している、です。

入るときに必ず、「入った瞬間に含み益が出そうかどうか」を一瞬で考えるようにしています。含み益が出そうであれば、そのまま入る。含み益が出そうでなければ、見送るようにしています。

CHAPTER 04

05 スキャルピングではナンピンをしない

スキャルピングではナンピンをしないこと。

ナンピンとは、保有している銘柄の株価が下がったときに、さらに買い増しをして平均購入単価を下げることです。

たとえば、520円で1000株買ったとします。株価が500円まで下がったときに、もう1000株買い増しします。

この時点で、持っている株数は2000株。平均購入単価は510円です。

買い増ししたことによって、平均購入単価が10円下がりました。

株価が10円値上がりすれば、含み損がなくなるわけです。

このようなトレードをナンピン（ナンピン買い下がり）といいます。

ナンピン買い下がりをするということは、「狙う値幅に対して大きい値幅のリスク」を取っているということ。

たとえば、値幅３円分の利益を狙っているのに、４円分以上のリスクを取っているということです。

このやり方で「期待値がプラス」になるのであればいいのですが、期待値がプラスになるのかどうかわからないようであれば、やらないこと。

含み損が出たら、ナンピン買い下がりではなく、ロスカットで対処するようにしましょう。

CHAPTER 04

06 全体相場の動きに合わせて、「トレードのスタイル」や「狙う値幅」を変える

スキャルピングは全体相場の動きに合わせて「トレードのスタイル」を変えることが大切です。

たとえば、全体相場が上昇しているのであれば、上昇の流れに乗るトレードをします。全体相場が下降しているのであれば、下降の流れに乗るトレードをしたり、下降の途中のわずかな戻りを狙うトレードをします。

また、全体相場の動きに合わせて「狙う値幅」も少し変えます。

全体相場が上昇しているのであれば、少し大きめの値幅を狙います。たとえば、買いで入った場合は3円の値幅を狙っていたところを、5円の値幅に変える。

全体相場が下落しているのであれば、狙う値幅を少し小さくします。たとえば、買いで入った場合は3円の値幅を狙っていたところを、1、2円の値幅に変える。

このように、全体相場の動きに合わせて、トレードのスタイルを変えたり、狙う値幅を変えたりしましょう。

全体相場の動きに合わせることによって、勝率が上がったり、収支が安定したり、利益が多くなったりします。

CHAPTER 04

07

全体相場の動きは日経平均株価や東証グロース市場250指数で見極める

では、全体相場の動きはどのようにして見極めればよいのでしょうか。

これは、国内株式相場の株価指数を使って見極めます。トレーダーによく使われている株価指数は「日経平均株価」や「東証グロース市場250指数」です。

日経平均株価とは、日本経済新聞社が算出・公表している日本の株式市場の代表的な株価指数の1つです。

東証グロース市場250指数とは、東京証券取引所のグロース市場に上場する企業のうち、時価総額上位250銘柄を対象とした株価指数です

日経平均株価や東証グロース市場250指数の1分足チャートや5分足チャートを使って、全体相場の動きを見極めましょう。

株価指数が1分足チャートや5分足チャートで上昇していれば、全体相場は上昇傾向だ

と判断してよいでしょう。

同様に、株価指数が1分足チャートで下落していれば、全体相場は下落傾向だと判断してよいでしょう。

このように、全体相場の動きは国内を代表する株価指数の動きを参考にして見極めます。

CHAPTER 04

08 取引開始から最初の30分間は「稼ぎ時」

取引開始から最初の約30分間（9時から9時半まで）はとても大切な時間です。なぜなら、1日のうちで最も株価が動きやすい時間だからです。

銘柄選びのところでも述べますが、スキャルピングは値動きが大きいほうが稼ぎやすいといえます。

取引開始から最初の30分間は株価が大きく動きやすいので、スキャルピングのトレーダーにとっては「稼ぎ時」になります。

しかし、初心者にとっては、難しい時間帯でもあります。銘柄によっては、値動きが速く、荒いからです。

急騰したと思ったら急落。そして、また急騰。このようなこともよくあります。

私が初心者の頃は、現在の株価を把握するだけでやっと。買うタイミングを冷静に判断するのは無理でした。

また、この時間帯は株価の方向感が定まっていない銘柄が多いので、上昇傾向にあるのか、下落傾向にあるのかが判断できません。

そのため、上手く流れに乗れないことが多くなります。

最初のうちは、無理にトレードをしないで、値動きを見ているだけでいいと思います。

少しずつ慣れてきます。

CHAPTER 04

09 「100株のトレード」で練習をする

スキャルピングではじめから稼げる人はほとんどいません。

稀にいますが、そういった人は「センスがある人」です。トレードのセンスがあって、肌感覚で「稼げる銘柄」や「稼げるタイミング」がわかる人です。

ほとんどの人は負けます。そして、なかなか勝てるようになりません。

そのため、最初のうちは「練習感覚」でトレードをしましょう。

おすすめは「100株のトレード」をすることです。株価3桁の銘柄を100株でトレードします。

そして、稼げるようになったら、少しずつ株数を増やしていきます。

200株、300株、500株、1000株、2000株……というように少しずつ増やしていくわけです。

CHAPTER 05

第5章

リスク・コントロールを学ぼう！

CHAPTER 05

01 反射的にロスカットする

短いスパンのトレードでは、素早いロスカットが大切です。

とくに、スキャルピングではロスカットが素早くできるかどうかで、トータルで利益が出るか出ないかが決まるといってもいいでしょう。

スキャルピングの場合、小さな値幅による利益を狙います。

そのため、ロスカットの値幅も小さくしなければなりません。ロスカットの値幅が大きいと、その分の損失を取り戻すのが難しくなるからです。たった1回の損失分を取り戻すために、数回の勝ちが必要になります。場合によっては、10回以上の勝ちが必要になるわけです。

このようなトレードをしていたのでは、スキャルピングで毎日を給料日にするのは無理です。

私の場合は反射的にロスカットしています。

含み損が出たときに深く考えません。値動きや板の状況を見ていて、「ヤバい」と感じたら、すぐにロスカットしています。最近では勝手に手が動いて、ロスカットの注文を出します。

スキャルピングで稼ぎたいという方は、「反射的なロスカット」を身につけましょう。

CHAPTER 05

02 ロスカットの練習をする

スキャルピングで継続して稼ぐには、ロスカットが欠かせません。

含み損が出ている銘柄を持ち続けるようなトレードでは、絶対に継続して稼ぐことはできません。

ロスカットがきちんとできない人は練習をしたほうがいいでしょう。

練習方法はいろいろあると思いますが、以下の方法をおすすめします。

株価1000円未満の株を買って、買値から2円下がったらロスカットをする

買値から2円下がった時点で、すぐにロスカットします。

わずか2円の値幅なので、入るタイミングは慎重に見極めましょう。練習といえども、しっかり見極めて入ってください。

入った後は、利食いのことを考えず、ロスカットすることに集中します。

そして、2円下がったら、何も考えずにロスカットします。

ボラティリティが大きい銘柄の場合は「5円下がったら」でもいいでしょう。

はじめは、100株でトレードしてください。2円下がってロスカットすれば、1回あたり200円の損失が出ます。

この練習をすることで、「決めた値段でのロスカット」ができるようになります。

ぜひ、試してみてください。

CHAPTER 05

03 売った後に株価が上がっても気にしない

以前、ある方に直接、デイトレードとスキャルピングを教えたことがありました。

直接教えることはほとんどないのですが、仲のいい数人にも教えたことがあります。

教えてわかったことがありました。

それは、

「売った後に株価が上がると、すごく気にする人が多い」

ということです。

とにかく、売った後に株価が上がると気にしていました。

ロスカットした後に株価が上がれば、「ロスカットしないほうがよかったのではないですか？」と聞いてくる。

スキャルピングで利食いした後に株価が上がれば、「スキャルピングとして利食いしないほうがよかったのではないですか？」と聞いてくる。

「何がしたいの？ どういったトレードがしたいの？」と、こちらが聞きたくなってしまいました。

すべてのトレードで「完璧なトレード」をすることはできません。だから、売った後の株価をいちいち気にしていては、トレードになりません。

そのようなことに意識を向けるのではなく、次のエントリーに意識を向けることです。割り切ることが大切。

これができないようであれば、スキャルピングやデイトレードで継続して稼げるようなトレーダーにはなれないでしょう。

CHAPTER 05

04 典型的な負けパターン「コツコツドカン」を避ける

トレードにおける「典型的な負けパターン」がいくつかあるのですが、その1つが「コツコツドカン」です。

小さな利益をコツコツと積み上げていく

↓

「順調に稼げている」と思った矢先、ドカンと大きな損失を出してしまう

↓

コツコツと積み上げた利益を、たった1回のトレードでドカンと飛ばしてしまう

私もよくやりました。何度やったのか、覚えていません。そのくらいやりました。同じように、何度も繰り返している方がいることでしょう。

コツコツドカンになる原因は2つ。

①ロスカットが遅い

②ナンピン買い下がりをしてしまう

一番の原因はロスカットの遅れです。ロスカットが遅くて含み損が拡大するから、ドカンになるわけです。

稀に、売り気配になってロスカットが遅れてしまうこともありますが、ほとんどは、ロスカットできるタイミングがあったのにやらなかったことが原因です。

もう1つの原因は、ナンピン買い下がりをしたことです。

これもロスカットが遅いことに重なる部分があります。

ナンピン買い下がりをすると、なんとか助かることや、利益が出ることもありますが、失敗すると、とんでもない損失額になります。ドカンです。

原因がわかっているので、これらを避ければいいのです。

ロスカットを早くする

ナンピン買い下がりをしない

たったこれだけのことです。

CHAPTER 05

05 スキャルピングで買った株は翌日以降に持ち越さない

スキャルピングで買った後に株価が下がると、翌日以降に持ち越す人がいます。私もよくやりました。

ロスカットができなくて、翌日以降に持ち越す。スキャルピングのつもりで買ったのに、1カ月以上持ち越したこともありました。

持ち越してうまくいけばいいのですが、場合によっては損失が拡大してしまいます。買いで入って含み損が出ているということは、株価の流れが下向きになっているということです。その流れが変わらなければ、含み損は減らないし、増える可能性が高い。

スキャルピングでは、大きな損失に繋がるようなことをしないことが大切です。基本的には、翌日以降に持ち越さないようにしましょう。

◆含み益が出ている場合は持ち越してもＯＫ

ただし、「含み益が出ていて、「利を伸ばしたい」という場合は持ち越してもかまいません。
買いで入って含み益が出ているということは、株価の流れが上向きになっているということです。

その流れが変わらなければ、含み益は減らないし、増える可能性が高い。
持ち越して、より大きな利益を狙ってもいいでしょう。

その場合は、「ポジションの半分を利確しておく」「翌日以降、株価が建値まで下がる前に利確する」というトレードをしましょう。

CHAPTER 05

06

ストップ高近辺ではスキャルピングをしない

私の場合、トレード当日に値動きが大きい銘柄を狙います。

急騰した銘柄や大きく上昇している銘柄を狙うのです。

利幅を取りやすいからです。

ただし、ストップ高近辺ではスキャルピングで入ることはしません。

たとえば、500円がストップ高の値段だったとします。495円以上の値段ではスキャルピングはしません。

この理由は、得られるリターンに対して、リスクが大きいからです。

ストップ高近辺では、突然まとまった売り注文が出て、株価が大きく下落することがあります。

スキャルピングで数円の値幅を狙っているのに、急落に巻き込まれて数十円分の損失が出てしまっては割に合いません。

そのため、ストップ高近辺ではスキャルピングをしないわけです。

ただし、ストップ高へのはり付きを狙ったトレードはします。

ストップ高にはり付けば、翌日、ギャップアップで始まる確率が高く、上手くいくとオーバーナイト（1日持ち越しのトレード）で大きな利益を得られるからです。

CHAPTER 05

07 「スキャルピングは急落に巻き込まれないようにするゲーム」だと考える

私は、「スキャルピングは急落に巻き込まれないようにするゲーム」だと考えています。

スキャルピングはやや大きな値幅を狙うデイトレードに比べると、勝率が高くなります。

ただ、1回で得られる値幅が小さいので、買いで入った場合、1回でも急落に巻き込まれてしまうと、取り返すのが大変です。数回勝たないと損失の穴埋めができませんし、損失の額によっては、10回以上勝たないと穴埋めができません。

勝率が高いので、急落に巻き込まれなければ、勝ったり負けたりしながら、大引けまで利益を積み上げていくことができます。

急落に巻き込まれさえしなければ、1日のトータルがプラス収支になる確率が高い。

だから、「スキャルピングは急落に巻き込まれないようにするゲーム」だと考えているわけです。

もちろん、考えているだけではありません。トレードに活かしています。

「買った後に急落しそうなタイミング」「買った後に急落しそうなポイント」を避けながらトレードしています。

CHAPTER 06

第6章

スキャルピングの銘柄選び

CHAPTER 06

01

スキャルピングで狙う銘柄の条件

この章では、スキャルピングで狙う銘柄の選び方を解説します。
まずは、外せない条件を2つ。

①値動きが大きい
②普段よりも出来高が多い

これらの2つの条件をクリアしている銘柄を選びましょう。どちらか1つではなく、2つともです。

◆①値動きが大きい

スキャルピングはわずかな値幅を狙うトレードですが、だからといって、値動きが小さい銘柄を狙うと稼ぎにくくなります。値動きの大きい銘柄のほうが稼ぎやすいです。

たとえば、1日の値幅（安値と高値の差）が5円しかない銘柄で2、3円の値幅を取るのはけっこう難しいです。

それよりも、1日の値幅が30円ある銘柄で2、3円の値幅を取るほうが難しくないでしょう。

「スキャルピングでは値動きの大きい銘柄で、わずかな値幅を狙う」と考えてください。

◆②普段よりも出来高が多い

普段よりも出来高が多い銘柄を狙うほうが、利益を得やすいです。

普段よりも出来高が多いと、株価が上下どちらかに動きやすくなります。

たとえば、株価が上がりはじめれば、多くのトレーダーが「儲けるチャンスだ」と思って、飛びついてくる。その結果、さらに株価が上がります。

同様に、株価が下がりはじめれば、多くのトレーダーが「逃げ時だ」と思って、売ってくる。その結果、さらに株価が下がります。

このように株価が動きやすくなるわけです。

以上のことから、スキャルピングでは「値動きが大きく、なおかつ、普段よりも出来高が多い銘柄」を狙うようにしましょう。

CHAPTER 06

02

値動きが大きい銘柄は「騰落率ランキング」で探す

値動きが大きい銘柄は「騰落率ランキング」を使えば簡単に探せます。

騰落率ランキングとはその名の通り、騰落率の高い順に並んだランキングです。

値上がり率ランキングは、取引当日に上昇率が高い株のランキングです。上昇率が高い順に上から並んでいます。

値下がり率ランキングは、取引当日に下落率が高い株のランキングです。下落率が高い順に上から並んでいます。

騰落率ランキングは、各証券会社が提供している株価情報のページなどで見ることができます。

騰落率ランキングとは？

騰落率の高い順に並んだランキングのこと

値上がり率ランキング

	コード	銘柄名	市場	業種	現在値		前日比	騰落率	売買高	売買代金
1	7044/T	ピアラ	東証ｽﾀﾝﾀﾞｰﾄﾞ	サービス業	286	(09:07)	+31	+12.15%	145.6	41.122
2	3985/T	テモナ	東証ｽﾀﾝﾀﾞｰﾄﾞ	情報・通信業	188	(09:01)	+16	+9.30%	25.9	4.698
3	5616/T	雨風太陽	東証ｸﾞﾛｰｽ	情報・通信業	1874	(09:07)	+144	+8.32%	92.8	171.264
4	4011/T	ﾍｯﾄﾞｳｫｰﾀ	東証ｸﾞﾛｰｽ	情報・通信業	10850	(09:07)	+820	+8.17%	10.7	114.423
5	5381/T	Mipox	東証ｽﾀﾝﾀﾞｰﾄﾞ	ｶﾞﾗｽ土石製品	775	(09:07)	+55	+7.63%	203.8	155.985
6	5582/T	グリッド	東証ｸﾞﾛｰｽ	情報・通信業	2869	(09:07)	+199	+7.45%	5.9	16.745
7	6590/T	芝浦メカ	東証ﾌﾟﾗｲﾑ	電気機器	9070	(09:07)	+620	+7.33%	118.3	1057.303
8	4575/T	CANBAS	東証ｸﾞﾛｰｽ	医薬品	986	(09:07)	+64	+6.94%	144.4	139.747
9	4169/T	ｴﾈﾁｪﾝｼﾞ	東証ｸﾞﾛｰｽ	情報・通信業	295	(09:07)	+19	+6.88%	426.3	126.384
10	3803/T	ｲﾒｰｼﾞINF	東証ｸﾞﾛｰｽ	情報・通信業	479	(09:07)	+29	+6.44%	3.9	1.846
11	9338/T	INFORICH	東証ｸﾞﾛｰｽ	サービス業	4320	(09:07)	+260	+6.40%	48.3	205.093
12	4186/T	応化工	東証ﾌﾟﾗｲﾑ	化学	3738	(09:07)	+218	+6.19%	95.1	352.72
13	6777/T	santecHD	東証ｽﾀﾝﾀﾞｰﾄﾞ	電気機器	6240	(09:07)	+350	+5.94%	11.9	73.754
14	6228/T	ｼﾞｪｲｲｰﾃｨ	東証ｽﾀﾝﾀﾞｰﾄﾞ	機械	1620	(09:07)	+89	+5.81%	31.2	49.625
15	3395/T	ｻﾝﾏﾙｸHD	東証ﾌﾟﾗｲﾑ	小売業	2281	(09:07)	+117	+5.40%	98.9	221.698
16	4598/T	DELTA-P	東証ｸﾞﾛｰｽ	医薬品	627	(09:07)	+32	+5.37%	31.1	19.239
17	3271/T	ｸﾞﾛﾍﾞﾙ社	東証ｽﾀﾝﾀﾞｰﾄﾞ	不動産業	670	(09:07)	+34	+5.34%	64.9	43.099
18	4564/T	ＯＴＳ	東証ｸﾞﾛｰｽ	医薬品	40	(09:06)	+2	+5.26%	3231.3	132.566
19	3692/T	ＦＦＲＩ	東証ｸﾞﾛｰｽ	情報・通信業	2244	(09:07)	+112	+5.25%	125.5	273.385
20	3099/T	ﾐﾂｺｼｲｾﾀﾝ	東証ﾌﾟﾗｲﾑ	小売業	2429.5	(09:07)	+120.5	+5.21%	757.9	1830.079

値下がり率ランキング

	コード	銘柄名	市場	業種	現在値		前日比	騰落率	売買高	売買代金
1	1322/T	上場ﾊﾟﾝﾀﾞ	東証	その他	12900	(09:01)	-1550	-10.72%	7.8	110.837
2	3905/T	ﾃﾞｰﾀSEC	東証ｸﾞﾛｰｽ	情報・通信業	1288	(09:08)	-77	-5.64%	126.2	166.124
3	7069/T	ｻｲﾊﾞﾎﾞｽﾞ	東証ｸﾞﾛｰｽ	サービス業	1421	(09:08)	-80	-5.32%	17.2	24.526
4	8107/T	ｷﾑﾗﾀﾝ	東証ｽﾀﾝﾀﾞｰﾄﾞ	繊維製品	18	(09:03)	-1	-5.26%	37	0.703
5	6836/T	ﾌﾟﾗｯﾄﾎｰﾑ	東証ｽﾀﾝﾀﾞｰﾄﾞ	電気機器	2480	(09:08)	-122	-4.68%	8.2	20.673
6	6740/T	ＪＤＩ	東証ﾌﾟﾗｲﾑ	電気機器	22	(09:07)	-1	-4.34%	120896.6	2780.594
7	5610/T	大和重	東証ｽﾀﾝﾀﾞｰﾄﾞ	鉄鋼	1273	(09:08)	-56	-4.21%	30.7	39.334
8	1360/T	日経ﾍﾞｱ2	東証	その他	293.2	(09:08)	-12.8	-4.18%	6090.12	1781.436
9	1366/T	iF225Wﾍﾞ	東証	その他	300	(09:06)	-13	-4.15%	435.996	130.833
10	4829/T	日本ｴﾝﾀ	東証ｽﾀﾝﾀﾞｰﾄﾞ	情報・通信業	117	(09:08)	-5	-4.09%	133.4	15.385
11	1459/T	楽天Dﾍﾞｱ	東証	その他	481	(09:08)	-20	-3.99%	843.68	404.974
12	[illegible]	[illegible]	[illegible]	サービス業	1730	(09:05)	-70	-3.88%	1.5	2.645
13	1514/T	住石ＨＤ	東証ｽﾀﾝﾀﾞｰﾄﾞ	鉱業	915	(09:08)	-37	-3.88%	232	213.775
14	1689/T	ガスETF	東証	その他	1112	(09:08)	-43	-3.72%	8.148	9.075
15	1909/T	日本ﾄﾞﾗｲ	東証ｽﾀﾝﾀﾞｰﾄﾞ	機械	3500	(09:07)	-135	-3.71%	6	21.379
16	1368/T	iFTPXWﾍﾞ	東証	その他	[illegible]	[illegible]	[illegible]	[illegible]	6.529	3.041
17	3997/T	ﾄﾚｰﾄﾞﾜｸｽ	東証ｽﾀﾝﾀﾞｰﾄﾞ	情報・通信業	1416	(09:08)	-51	-3.47%	9.1	13.179
18	6146/T	ﾃﾞｨｽｺ	東証ﾌﾟﾗｲﾑ	機械	38330	(09:08)	-1380	-3.47%	554.4	21328.342
19	1356/T	TPXﾍﾞｱ2	東証	その他	323.0	(09:08)	-11.1	-3.32%	823.87	265.293
20	1357/T	NF日経ﾀﾞ	東証	その他	120	(09:08)	-4	-3.22%	16086.968	1914.255

出所：松井証券 QUICK 情報

CHAPTER 06

03 「寄り前気配値ランキング」をチェックする

寄り付き前には、「寄り前気配値ランキング」で、当日に値動きが大きくなりそうな銘柄を探します。

「寄り前気配値ランキング」とは、その名の通り、寄り付き前の気配値のランキングです。前日の終値に対して、気配値の変動率が大きい順に並んでいます。

騰落率ランキングと同様、値上がり率ランキングと値下がり率ランキングがあります。どちらもチェックしましょう。

私は、松井証券のQUICK情報にある「寄り前気配 値上り率ランキング 前場」「寄り前気配 値下り率ランキング 前場」を見ています。

寄り前気配値ランキングは8時30分から稼働します。

寄り付き直前に気配値が変わってしまうこともよくあるので、注意してください。

寄り前気配値ランキングとは？

寄り付き前における気配値の騰落率が高い順に並んだランキング

寄り前気配 値上り率ランキング

	コード	銘柄名	市場	値上り率	寄り前最良買気配		直近終値
1	7372/T	ﾃﾞｺﾙﾃHD	東証ｸﾞﾛｰｽ	+26.06%	387	08:36	307.0
2	1349/T	ｱｼﾞｱ債券	東証	+24.24%	20505	08:37	16505.0
3	2623/T	10社債H	東証	+23.81%	2600	08:12	2100.0
4	2639/T	GXﾊﾞｲｵﾒﾄ	東証	+22.46%	2181	08:05	1781.0
5	236A/T	iS日710	東証	+19.91%	602.3	08:13	502.3
6	6406/T	ﾌｼﾞﾃｯｸ	東証ﾌﾟﾗｲﾑ	+19.43%	6146	08:38	5146.0
7	2864/T	GX自ｼﾞﾘｰﾄ	東証	+19.23%	1649	08:22	1383.0
8	3377/T	バイク王	東証ｽﾀﾝﾀﾞｰﾄﾞ	+18.69%	508	08:38	428.0
9	6492/T	岡野バル	東証ｽﾀﾝﾀﾞｰﾄﾞ	+17.89%	6260	08:38	5310.0
10	3803/T	ｲﾒｰｼﾞINF	東証ｸﾞﾛｰｽ	+17.78%	530	08:36	450.0
11	2643/T	MSCIJESG	東証	+17.64%	3335	08:05	2835.0
12	6448/T	ブラザー	東証ﾌﾟﾗｲﾑ	+17.04%	3434	08:38	2934.0
13	3798/T	ULS-G	東証ｽﾀﾝﾀﾞｰﾄﾞ	+16.95%	6280	08:26	5370.0
14	9158/T	ｼｰｴｰｼｰ	東証ｸﾞﾛｰｽ	+16.23%	1898	08:38	1633.0
15	2659/T	サンエー	東証ﾌﾟﾗｲﾑ	+16.18%	3045	08:38	2621.0
16	2849/T	GX高ESG	東証	+15.84%	5120	08:06	4420.0
17	2156/T	ｾｰﾗｰ広告	東証ｽﾀﾝﾀﾞｰﾄﾞ	+14.88%	772	08:38	672.0
18	2323/T	fonfun	東証ｽﾀﾝﾀﾞｰﾄﾞ	+14.41%	889	08:33	777.0
19	3306/T	日本麻	東証ｽﾀﾝﾀﾞｰﾄﾞ	+12.93%	664	08:37	588.0
20	2032/T	ﾊﾝｾﾝﾍﾞｱ	東証	+12.30%	7779	08:37	6927.0

寄り前気配 値下がり率ランキング

	コード	銘柄名	市場	値下り率	寄り前最良売気配		直近終値
1	2530/T	MXS A180	東証	-21.13%	56000	08:40	71000.0
2	2553/T	CSI500	東証	-20.54%	17800	08:40	22400.0
3	1309/T	NF上証50	東証	-18.70%	58700	08:40	72200.0
4	2567/T	NZAMｶｰﾎﾞ	東証	-15.49%	300.1	08:36	355.1
5	4478/T	フリー	東証ｸﾞﾛｰｽ	-11.05%	2496	08:41	2806.0
6	2782/T	セリア	東証ｽﾀﾝﾀﾞｰﾄﾞ	-9.62%	3005	08:41	3325.0
7	7345/T	ｱｲﾊﾟｰﾄﾅｰ	東証ｸﾞﾛｰｽ	-8.86%	545	08:41	598.0
8	7716/T	ナカニシ	東証ｽﾀﾝﾀﾞｰﾄﾞ	-8.25%	2491	08:41	2715.0
9	9068/T	丸全運	東証ﾌﾟﾗｲﾑ	-7.96%	5200	08:39	5650.0
10	5393/T	ニチアス	東証ﾌﾟﾗｲﾑ	-7.53%	5280	08:41	5710.0
11	4097/T	高圧ｶﾞｽ	東証ﾌﾟﾗｲﾑ	-7.42%	811	08:41	876.0
12	3986/T	ﾋﾞｰﾌﾞﾚｲｸ	東証ｸﾞﾛｰｽ	-7.11%	1450	08:41	1561.0
13	1368/T	iFTPXWﾍﾞ	東証	-7.05%	448	08:41	482.0
14	7072/T	インテM	東証ｸﾞﾛｰｽ	-6.66%	701	08:40	751.0
15	1356/T	TPXﾍﾞｱ2	東証	-6.58%	312.1	08:41	334.1
16	9331/T	ｷｬｽﾀｰ	東証ｸﾞﾛｰｽ	-6.18%	1002	08:41	1068.0
17	5587/T	ｲﾝﾊﾞｳﾝPF	東証ｸﾞﾛｰｽ	-6.11%	661	08:40	704.0
18	9256/T	ｻｸｼｰﾄﾞ	東証ｸﾞﾛｰｽ	-5.99%	690	08:38	734.0
19	6345/T	ｱｲﾁｺｰﾎﾟ	東証ﾌﾟﾗｲﾑ	-5.89%	1151	08:40	1223.0
20	1360/T	日経ﾍﾞｱ2	東証	-5.85%	288.1	08:41	306.0

出所：松井証券 QUICK 情報

CHAPTER 06

04 板が厚い銘柄を狙う

スキャルピングでは、「板が厚い銘柄」を狙います。

「板が厚い」とは、「取引所に出ている注文が多い」ということです。逆に、「板が薄い」とは、「取引所に出ている注文が少ない」ということです。

板が厚い銘柄を狙う理由は、トレードをしやすいからです。

取引所に売り注文が多く出ていれば、株を買いやすくなります。

また、取引所に買い注文が多く出ていれば、株を売りやすくなります。

もし、取引所に売り注文が少なければ、「買いたいと思ったときに買えない」「買いたい株数を買えない」「現在の値段に近い値段で買えない」ということになりかねません。

同様に、取引所に出ている買い注文が少なければ、「売りたいと思ったときに売れない」「売りたい株数を売れない」「現在の値段に近い値段で売れない」ということになりかね

「板が厚い」「板が薄い」とは？

「板が厚い」とは？

「取引所に出ている注文が多い」ということ

売株数	気配値	買株数
61000	505	
44000	504	
37000	503	
37000	502	
15000	501	
	500	25000
	499	38000
	498	49000
	497	55000
	496	11000

「板が薄い」とは？

「取引所に出ている注文が少ない」ということ

売株数	気配値	買株数
1500	508	
1000	505	
700	504	
700	502	
500	501	
	500	1500
	499	500
	497	500
	495	1500
	494	2000

ません。

また、板が薄いと、わずかな注文で株価が大きく動いてしまいます。利益が出る方向に大きく動けばいいのですが、そうでないこともあります。買った後に大きく下落、カラ売りした後に大きく上昇ということもよくあります。

こういったことから、基本的には、「板が厚い銘柄」を狙います。

ただし、スキャルピングのやり方によっては、あえて、「板が薄い銘柄」を狙うこともあります。この場合は、例外です。

CHAPTER 06

05 ティック数の多い銘柄を選ぶ

ティック数の多い銘柄を選ぶことも大切です。

ティック数とは、売買が成立した回数のことです。

ティック数が多いほど、「売買が盛んに行なわれた」ということになります。

スキャルピングの場合、トレード回数を多くしないと、それなりに稼げません。

そのため、売買が盛んに行なわれている銘柄でないと、やりにくいわけです。いつ約定するかわからないような銘柄では、トレード回数が少なくなってしまいます。盛んに売買が行なわれていなければ、頻繁に入れるタイミングがやってくることもありません。

このようなことから、スキャルピングではティック数の多い銘柄を選びましょう。

CHAPTER 06

06 初心者は「株価が上昇傾向になっている銘柄」を選ぶ

スキャルピングの初心者の方は、なるべく、「株価が上昇傾向になっている銘柄」を選びましょう。

初心者の方の多くは、「買い」で入ることが多いです。カラ売りでは入らない。そのため、下落傾向の銘柄を選んでしまうと、勝率が大きく下がってしまいます。また、ロスカットが遅れ、株価の大きな下げに巻き込まれてしまうこともよくあります。これらのことから、「株価が上昇傾向になっている銘柄」を選ぶようにしましょう。

できれば、「好材料が出て上昇傾向になっている銘柄」のほうがいいです。好材料とは、株価にとってプラスになるニュースのことです。良いニュースなので、株価が上がりやすいです。また、株価が下がっても買いが入って上がることが多いです。入るタイミングが少し悪かったとしても、なんとか利益を出せたり、うまく逃げられたりします。

CHAPTER 06

07

自分のトレードスタイルで利益を取りやすい銘柄を知る

トレード当日に、「利益を取りやすい銘柄」を見つけることはとても大切です。利益を取りやすい銘柄を見つけられるかどうかで、その日の収支が大きく変わります。利益を取りやすい銘柄は人によって違います。トレードスタイルによって違うからです。だから、私が利益を取りやすいと思う銘柄が、他のトレーダーには取りにくい銘柄ということもよくあるわけです。

私にとっては、「時々、急落する銘柄」が利益を取りやすい銘柄です。これは、「リバウンド狙い」というトレードスタイルをメインにしているからです。急落がないと、リバウンドを取れないため、このような銘柄がよいのです。

しかし、勢いよく上昇していく株価に乗るような買いをメインにしている人にとっては、このような銘柄は利益を取りにくいはず。急落しないほうが取りやすいでしょう。

まずは、自分にとって利益を取りやすい銘柄とは、どのような銘柄なのかを知るようにしましょう。

自分のトレードスタイルで勝ったときをイメージしたり、思い出したりすれば、どのような銘柄で利益を取りやすいのか、わかるはずです。

CHAPTER 06

08 資金が流入しているセクターを狙う

トレード当日は、どのセクターに大きな資金が流入しているのかを把握しましょう。

セクターとは、「業種」と捉えてよいでしょう。不動産業、海運業、サービス業、保険業などのセクターがあります。上場されている銘柄は、これらのセクターに分類されています。

大きな資金が流入しているセクターの銘柄は、株価が上がりやすくなります。

そのため、トレード当日に資金が流入しているセクターを把握することは、とても大切です。

◆資金が流入しているセクターはどのようにして調べるのか？

資金が流入しているセクターを調べる方法はいくつかあります。

東証業種別株価指数ランキングを使う方法

値上がり率ランキングを使う方法

1つは、「東証業種別株価指数ランキングを使う方法」です。

松井証券のQUICK情報に「ランキング　東証業種別株価指数」というページがあります。33業種の騰落率ランキングです。

これを見れば、「資金の流入しているセクター」がすぐにわかります。

ランキング上位の業種に資金が流入しています。

もう1つは、「値上がり率ランキングを使う方法」です。

値上がり率ランキングにランクインしている銘柄の業種を見て、資金が流入している業種を特定します。

同じ業種の銘柄が多く入っていれば、その業種に資金が流入していると考えてよいでしょう。

ただ、このやり方ではわかりにくいこともあります。

そのため、先に紹介した「東証業種別株価指数ランキングを使う方法」のほうをおすすめします。

東証業種別株価指数ランキングとは？

33業種の騰落率ランキングのこと

業種名	現在値		前日比	騰落率
1 保険業	2607.83	(09:09)	+88.37	+3.51%
2 銀行業	313.05	(09:09)	+8.68	+2.85%
3 サービス業	3249.58	(09:09)	+89.04	+2.82%
4 証券商品先物	555.30	(09:09)	+14.49	+2.68%
5 電気機器	4838.86	(09:09)	+104.19	+2.20%
6 その他製品	5389.02	(09:09)	+114.58	+2.17%
7 輸送用機器	4283.61	(09:09)	+86.60	+2.06%
8 石油石炭製品	2036.42	(09:09)	+39.69	+1.99%
9 非鉄金属	1542.90	(09:09)	+26.34	+1.74%
10 その他金融業	1069.90	(09:09)	+15.66	+1.49%
11 ｶﾞﾗｽ土石製品	1448.54	(09:09)	+18.19	+1.27%
12 精密機器	12914.83	(09:09)	+161.05	+1.26%
13 化学	2683.58	(09:09)	+33.51	+1.26%
14 情報・通信業	5891.51	(09:09)	+68.01	+1.17%
15 ゴム製品	4198.63	(09:09)	+48.09	+1.16%
16 鉱業	643.79	(09:09)	+7.37	+1.16%
17 小売業	1913.70	(09:09)	+20.18	+1.07%
18 電気・ガス業	550.45	(09:09)	+5.41	+0.99%
19 機械	3226.29	(09:09)	+29.69	+0.93%
20 繊維製品	736.72	(09:09)	+6.62	+0.91%
21 卸売業	3910.00	(09:09)	+30.07	+0.78%
22 金属製品	1477.25	(09:09)	+10.53	+0.72%
23 陸運業	1997.79	(09:09)	+8.04	+0.40%
24 不動産業	1977.55	(09:09)	+7.49	+0.38%
25 倉庫運輸関連	3093.44	(09:09)	+11.86	+0.38%
26 医薬品	3862.32	(09:09)	+14.41	+0.37%
27 鉄鋼	736.48	(09:09)	+2.46	+0.34%
28 食料品	2319.52	(09:09)	+6.77	+0.29%
29 建設業	1796.63	(09:09)	+2.78	+0.15%
30 海運業	1764.10	(09:09)	+1.05	+0.06%
31 水産・農林業	604.04	(09:09)	-0.60	-0.10%
32 空運業	220.13	(09:09)	-0.38	-0.17%
33 パルプ・紙	517.53	(09:09)	-3.54	-0.68%

ランキング上位の業種に資金が流入している！

出所：松井証券 QUICK 情報

CHAPTER 06

09 前日における銘柄選び

前日の段階で、トレード候補となる銘柄を探しておくことも大切です。以下の銘柄の中から探しておきましょう。

①直近で値動きが大きかった銘柄
②材料が出た銘柄
③決算内容にインパクトがあった銘柄
④ＰＴＳで騰落率の高い銘柄
⑤多くのトレーダーが注目している銘柄

ＰＴＳとは、Proprietary Trading System の略です。証券取引所を経由せずに、証券会社内で株を売買できる私設取引システムのことです。証券取引所の取引時間外にリアルタイムで株取引を行うことができます。

「多くのトレーダーが注目している銘柄」については、X（旧：ツイッター）を参考にして探すといいでしょう。

探した銘柄は「監視銘柄」として株価ボードに登録しておきます。

実際にトレードするかどうかの最終的な判断は、当日の値動きによって決めます。

CHAPTER 07

第7章

ブレイクアウト手法をマスターしよう！

CHAPTER 07

01

ブレイクアウトとは？

では、スキャルピングのトレードスタイルを4つ紹介しましょう。

まずは、ブレイクアウトのスタイルからです。

ブレイクアウトとは、株価がレジスタンスを突き抜けて値上がりすること、サポートを突き抜けて値下がりすることです。

たとえば、500円の高値を上に突き抜けて上昇する、500円の安値を下に突き抜けて下落するといった動きです。

このような値動きで利益を狙うのが、ブレイクアウト・スタイルです。

「どのポイントをブレイクアウトしたら入るか」ということを決めておきます。そこを抜けるタイミングに入って、含み益が出たら、利食いします。

たとえば、500円の高値をポイントにしたら、株価が500円を上抜けしそうなタイミングで買い、数円ほど値上がりしたら利食いします。

５００円の安値をポイントにしたら、株価が５００円を下抜けしそうなタイミングでカラ売りし、数円ほど値下がりしたら利食いします。

エントリーのポイントがはっきりしているので、初心者の方でも入るタイミングがわかりやすいスタイルです。

CHAPTER 07

02 ブレイクアウトのメリットとデメリット

ブレイクアウトの主なメリットとデメリットを挙げておきましょう。

メリット

●やや大きな値幅を狙える

●入るタイミングがわかりやすい

●値動きが加速して、短い時間で大きな値幅を得られることがある

デメリット

●入れるタイミングが少ない

状況にもよりますが、他のスタイルに比べると、やや大きな値幅を狙うことができます。
ブレイクアウトの場合、何かを目安にして入るので、入るタイミングがわかりやすいです。目安にした何かをブレイクしそうなときや何かをブレイクしたときに入ればいいわけです。

また、ブレイクアウトすることによって、値動きが加速することがあります。うまく入れれば、その加速によって、短い時間で大きな利益を得られます。

入れるタイミングは少ないほうです。

ブレイクアウトの場合、何かを目安にして入ります。その目安が多ければいいのですが、ほとんどの場合、少ないです。当然、トレード回数も少なくなってしまいます。

そのため、メインのスタイルにはしないほうがいいかもしれません。他のスタイルをメインにして、ブレイクアウトはサブのスタイルにしましょう。

CHAPTER 07

03 ブレイクアウトのエントリー・タイミング

ブレイクアウト・スタイルの具体的なエントリー・タイミングは以下の3パターンです。

①ブレイクアウトする前
②ブレイクアウトする瞬間
③ブレイクアウトした直後

◆①ブレイクアウトする前

これはブレイクアウトすることを見越して仕掛けるタイミングです。

たとえば、エントリー・ポイントが500円だったとします。

ここをブレイクアウトすることを見越して、499円や498円、場合によっては495円くらいになったときに買います。

ブレイクアウトの具体的なエントリー・タイミング

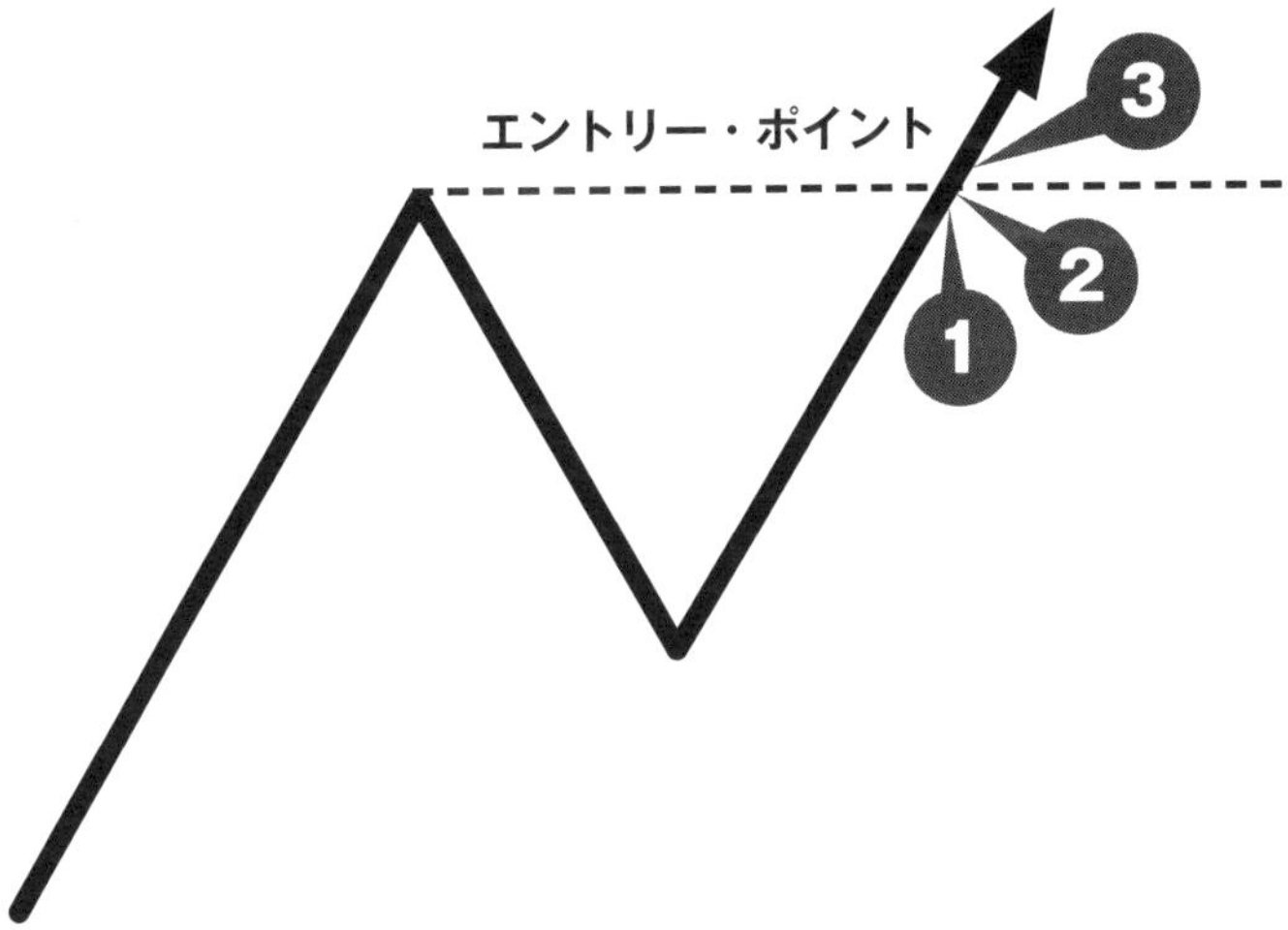

①ブレイクアウトする前
ブレイクアウトすることを見越して仕掛けるタイミング

②ブレイクアウトする瞬間
基本的なタイミング

③ブレイクアウトした直後
ブレイクアウトしたことを確認してから仕掛けるタイミンク

思惑通りにブレイクアウトすれば、「②」や「③」のパターンで買ったときよりも、少し利益が大きくなるわけです。

ただし、ブレイクアウトしないことも多いので、判断が難しいです。

◆②ブレイクアウトする瞬間

これが基本的なタイミングだと思います。

たとえば、エントリー・ポイントが500円だったとします。500円に出ている売り注文がなくなりそうな瞬間に買い注文を出して買います。

売り注文が少なくなるほど、買われ方が速くなります。「まだだいぶ残っているので、もう少し減ってから買い注文を出そう」と思っていたら、「あっという間になくなってしまった」ということもよくあります。このあたりが難しいところです。

◆③ブレイクアウトした直後

これはブレイクアウトしたことを確認してから仕掛けるタイミングです。

たとえば、エントリー・ポイントが500円だったとします。株価が500円を超えたことを確認してから買います。

一見、確実なように思えますが、買えないことも多いです。

そもそも、ブレイクアウトのスタイルは、「エントリー・ポイントを突き抜けた勢い」で利益を狙うスタイルです。勢いよく動いているわけですから、エントリー・ポイントの近くではなかなか買えません。

ここは「①」や「②」で買った人が「利食いをするタイミング」です。

以上のことから、おすすめのタイミングは「②」です。

CHAPTER 07

04 ブレイクアウトの注文は成行と指値のどちらがいいのか？

ブレイクアウトのスキャルピングで注文を出すときは、「成行」にしたほうがいいのか、「指値」にしたほうがいいのか。

成行ならほぼ確実に約定するので、入るタイミングを逃しません。

しかし、想定していた値段よりも不利な値段で約定してしまうこともあります。

たとえば、500円で買うつもりが、501円や502円、場合によっては505円あたりで約定してしまうこともあります。

わずかな値幅を狙うスキャルピングにおいて、1、2円の差は大きいです。利食いする値段になってしまいます。

では、指値のほうがよいのでしょうか。

指値なら不利な値段で約定することはありません。500円で買いたいのであれば、

５００円で注文を出せばいいわけです。

しかし、他のトレーダーの注文によって取引所に出ていた注文がなくなり、買えないということもあります。頻度としては多いです。

せっかくの儲けるチャンスを逃してしまうことにもなりかねません。

私の場合、板が厚くて、不利な値段で約定しないような状況であれば、成行で入ります。

それ以外は指値にしています。

また、ツールを使って素早く指値注文を出すこともあります。

CHAPTER 07

05 ブレイクアウトの主なエントリー・ポイント

では、どこを、あるいは何をブレイクアウトする瞬間に入ればいいのでしょうか。
これは先にも述べた通り、レジスタンスやサポートです。レジスタンスとなる何らかのポイント、サポートとなる何らかのポイントです。

主なポイントは以下の３つ（５つ）です。

①高値・安値
②ラウンドナンバー（キリ番）
③厚い買い板・厚い売り板

「①」「②」はそれほど強いレジスタンス・サポートではありません。
「③」はそこそこ強いレジスタンス・サポートです。

CHAPTER 07

06 高値・安値のブレイクアウト

では、それぞれのエントリー・ポイントについて解説していきます。

まずは、「①高値・安値」のエントリー・ポイントについてです。

これは、「節目として意識されそうな高値・安値」をポイントにします。

たとえば、以下の高値・安値です。

直近の高値・安値
過去に株価が何回か反転した高値・安値
日足チャートの高値・安値

いずれもあまり強いポイントではありません。信頼度としては低いほうです。

この中では、「過去に株価が何回か反転した高値・安値」が最も信頼度が高いといえます。

私は高値・安値のブレイクアウトで入ることは少ないです。

ただし、高値・安値のところにまとまった注文が出ている場合は、入ることがあります。高値・安値のブレイクアウトで入るというよりも、どちらかといえば、まとまった注文のブレイクアウトで入るイメージです。

CHAPTER 07

07 ラウンドナンバーのブレイクアウト

次は、「②ラウンドナンバー（キリ番）」のエントリー・ポイントについてです。

これもあまり強いポイントではありません。信頼度としては低いほうです。

ラウンドナンバーとは、５００円や１０００円などの「キリのいい数字」のこと。

多くのトレーダーや投資家が意識している株価なので、「心理的な節目」になります。

また、まとまった注文が出ていることもあります。

ただし、私はラウンドナンバーのブレイクアウトで入ることはほとんどありません。理由は「あまり強いポイントではないから」です。

とはいえ、まとまった注文が出ている場合は入ることがあります。

ラウンドナンバーのブレイクアウトで入るというよりも、どちらかといえば、まとまった注文のブレイクアウトで入るイメージです。

CHAPTER 07

08 極端に多い買い注文・極端に多い売り注文のブレイクアウト

最後は、「③厚い買い板・厚い売り板」のエントリー・ポイントについてです。

極端に多い買い注文が出ている値段は、なかなか下抜けることができません。サポートになるということです。

同様に、極端に多い売り注文が出ている値段は、なかなか上抜けることができません。レジスタンスになるということです。

サポートやレジスタンスはブレイクアウトのエントリー・ポイントになるので、極端に多い買い注文・極端に多い売り注文もエントリー・ポイントになるわけです。

たとえば、500円のところに買い注文が極端に多く出ていれば、ここがサポートになるので、ブレイクアウト・スタイルのエントリー・ポイントになります。

500円のところに売り注文が極端に多く出ていれば、ここがレジスタンスになるの

極端に多い売り注文のブレイクアウト

500円のところに極端に多い売り注文

売株数	気配値	買株数
6000	504	
4000	503	
7000	502	
7000	501	
55000	500	
	499	15000
	498	8000
	497	9000
	496	5000
	495	11000

500円を上に抜けると、株価が上がりやすくなる

売株数	気配値	買株数
5000	505	
6000	504	
4000	503	
7000	502	
7000	501	
	500	15000
	499	8000
	498	9000
	497	5000
	496	11000

で、ブレイクアウト・スタイルのエントリー・ポイントになります。

エントリー・ポイントとしての信頼度は高いほうです。

ブレイクアウトのスキャルピングをするのであれば、「①高値・安値」や「②ラウンドナンバー（キリ番）」よりも、「③厚い買い板・厚い売り板」がおすすめです。

一番いいのは、「①高値・安値」や「②ラウンドナンバー（キリ番）」と、「③厚い買い板・厚い売り板」が重なっている状況です。

CHAPTER 07

09 ブレイクアウトで入った場合のロスカット・タイミング

ブレイクアウトで入った場合は、以下のタイミングでロスカットします。

買いの場合……エントリー・ポイントよりも少し下まで下がったとき
カラ売りの場合……エントリー・ポイントよりも少し上まで上がったとき

買いの場合、エントリー・ポイントをブレイクアウトして、勢いよく上昇していく値動きで利益を狙います。株価がエントリー・ポイントの少し下まで下がってきたということは、狙い(思惑)と違った動きです。ここで諦めてロスカットするべきです。

カラ売りの場合、エントリー・ポイントをブレイクアウトして、勢いよく下落していく値動きで利益を狙います。株価がエントリー・ポイントの少し上まで上がってきたということは、狙い(思惑)と違った動きです。ここで諦めてロスカットするべきです。

CHAPTER 07

10 ブレイクアウトのスキャルピングで稼ぎにくくなった理由

以前はブレイクアウトのスタイルでよく入っていたのですが、最近はかなり減りました。理由は、稼ぎにくくなったからです。

アルゴリズム取引が普及してからは、ブレイクアウトのスキャルピングで稼ぎにくくなってしまいました。

アルゴリズム取引とは、コンピューターが自動的に株式売買注文のタイミングや数量を決めて注文を繰り返す取引のことです。

２０１０年１月４日、東京証券取引所でアローヘッドが稼働を開始しました。アローヘッドとは、高性能・高信頼を実現した株式売買システムのことです。

このアローヘッド導入以降、アルゴリズム取引が普及しました。高速での取引が可能になったため、大口の機関投資家は個人投資家・トレーダーよりも速い売買ができるようになったのです。

そのため、今まで稼げたタイミングで買えない、売れないということが頻繁に起こるようになりました。

ブレイクアウトする瞬間に買い注文を出しても、アルゴリズム取引の速さに負けてしまい、買えないことが多くなったわけです。

CHAPTER 08

第8章

リバウンド狙い手法をマスターしよう！

CHAPTER 08

01 リバウンド狙いとは？

リバウンド狙いとは、下落後のリバウンド（戻り）で利益を狙うトレードスタイルです。

たとえば、株価が520円から500円まで急落し、その後、505円まで上昇したとします。

この場合、「500円から505円まで」がリバウンドになります。

リバウンド狙いでは「500円から505円までの間」で利益を狙うわけです。

500円で買って、505円で売ればいいのですが、リバウンド部分のすべてを取れることはほとんどありません。

リバウンド部分の一部を取ります。

たとえば、

「500円で買って、503円で売る」

リバウンド狙い

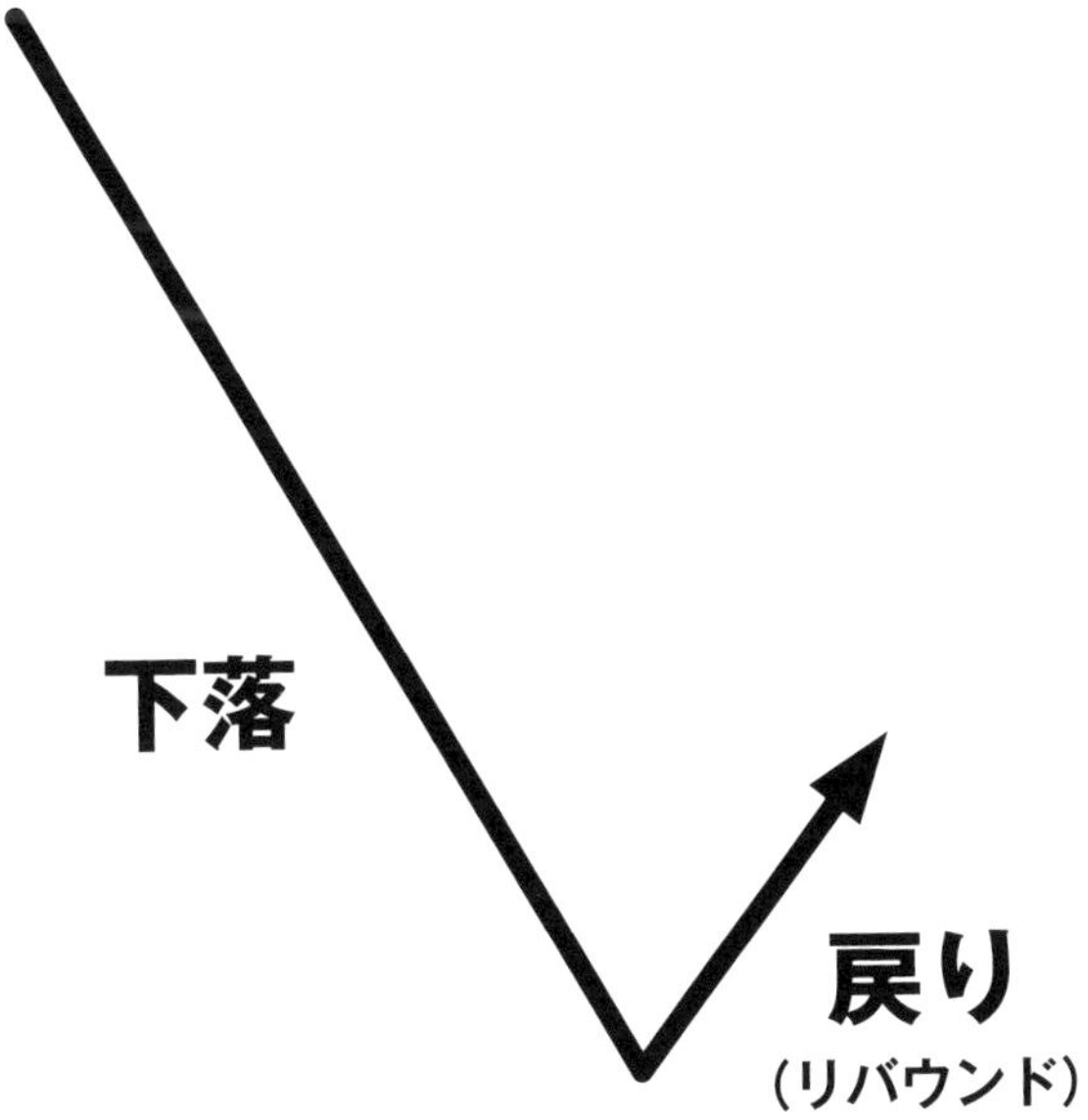

リバウンド部分の一部を取る

例）500円から505円までリバウンド

「500円で買って、503円で売る」
「501円で買って、503円で売る」
「502円で買って、504円で売る」

「501円で買って、503円で売る」

「502円で買って、504円で売る」

というようにします。

ただ、「いつも小さなリバウンドばかり」というわけではありません。大きなリバウンドもよくあります。

たとえば、「530円から500円まで急落して、520円までリバウンドする」というようなこともあります。

このようなリバウンドで、一瞬にして10円以上の値幅を取れることもあります。

CHAPTER 08

02 リバウンド狙いをメインにしてトレードする理由

私は日々のデイトレードではリバウンド狙いをメインにすることが多いです。

一年中、このリバウンド狙いでトレードしています。リバウンド狙いで入らない日はありません。その理由は以下の通りです。

理由①……どのような相場でも稼げるから
理由②……入るタイミングが多いから
理由③……難しくないから
理由④……勝率が高いから

◆理由① どんな相場でも稼げるから

1つ目の理由は「どんな相場でも稼げるから」です。

わずかなリバウンドがあれば利益を出せるので、株価が上昇傾向になっていても、下落傾向になっていても、レンジになっていてもいいわけです。

極端な話をすれば、全体が暴落しているような状況でも、利益を得ることができます。むしろ、暴落時は「稼ぎ時」です。

先にも述べた通り、リバウンド狙いは下落後のリバウンドで利益を狙います。下落する銘柄が多いほど、下落のタイミングが多いほど、稼ぎやすいわけです。

そのため、暴落時は「稼ぎ時」になります。

◆理由②　入るタイミングが多いから

2つ目の理由は「入るタイミングが多いから」です。

下落後に少しだけリバウンドをすればいいので、入るタイミングは1日にけっこうあります。

稼げるチャンスがたくさんあるわけです。

◆理由③　難しくないから

3つ目の理由は「難しくないから」です。

「下落後のリバウンドを取るなんて、なんだか難しそう」

と思った人もいることでしょう。

たしかに、簡単ではありません。

しかし、リバウンド狙いは他の手法に比べると、難易度は低いと思います。

私自身、リバウンド狙いはもう20年くらいやっているので、チャートと板を見れば、「だいたい、この辺りで入れれば取れるかな」とわかります。

あまり深く考えなくても稼げます。

◆理由④　勝率が高いから

4つ目の理由は「勝率が高いから」です。

トレードの場合、必ずしも勝率が高くなければ儲けられない、というわけではありません。勝率が低くても、勝ったときの利益が大きければ、儲けられるわけです。

とはいっても、勝率は低いよりも、高いほうがいいです。

負けが多いとストレスになるので、負けは少ないほうがいいです。

リバウンド狙いのスキャルピングはわずかなリバウンドで利食いするので、高い勝率が期待できます。

CHAPTER 08

03 リバウンド狙いのさまざまなエントリー・パターン

リバウンド狙いにはさまざまなエントリー・パターンがあります。

上昇トレンド中のリバウンド狙い
下降トレンド中のリバウンド狙い
ギャップアップした後のリバウンド狙い
ギャップダウンしたときのリバウンド狙い
安値近辺でのリバウンド狙い
上昇の起点近辺でのリバウンド狙い
ストップ安近辺でのリバウンド狙い

このほかにもさまざまなエントリー・パターンがあります。

私が20年以上、デイトレードやスキャルピングで稼ぎ続けている「手法」なので、すべてを明かすことはできません。

本書では初心者の方でもわかりやすい「安値近辺でのリバウンド狙い」を紹介します。

(その他のリバウンド狙い手法については『note』の記事で公開しているので、そちらを参考にしてください。『note』のＵＲＬは巻末のプロフィールに記載しています。)

CHAPTER 08

04 「リバウンドする確率が高い安値」と「リバウンドする確率が低い安値」がある

では、「安値近辺でのリバウンド狙い」について解説します。

これは「チャート上の安値」をエントリー・ポイントにするやり方です。「当日の安値」だけでなく、「上昇していく段階でつけた安値」も含みます。

これらすべての安値で株価がリバウンドするわけではありません。「リバウンドする確率が高い安値」と「リバウンドする確率が低い安値」があります。

確率が高いか低いかの見極めは、「直近の上昇幅」「チャートの波形」「板の状況」「直近の注文状況」「出来高」などから複合的に判断しています。「技術」と「経験」が必要です。

かなり難しいので、ここでは「板の状況」による見極めだけを解説します。これだけでも、手法の精度をかなり高めることができます。

CHAPTER 08

05 「安値近辺でのリバウンド狙い」のエントリーまでの流れ

では、「安値近辺でのリバウンド狙い」のエントリー・パターンについて解説します。
エントリーまでの流れは以下の通りです。

①5分足チャートを使って安値を特定する
⇐
②株価が狙った安値近辺まで下がってくるのを待つ
⇐
③リバウンドしそうだと判断したら買う

◆①5分足チャートを使って安値を特定する

まずは、5分足チャートを使って安値を特定します。

「目立つ安値」だけでいいでしょう。

◆②株価が狙った安値近辺まで下がってくるのを待つ

次は、株価が狙った安値近辺まで下がってくるのを待ちます。じわじわとゆっくり下がってくるよりも、速く下がってきたほうがリバウンドしやすいです。

◆③リバウンドしそうだと判断したら買う

最後は、「②」から、株価がリバウンドしそうだと判断したら、狙った安値近辺で買います。

この後、実際のチャートを使って解説しましょう。

安値近辺でのリバウンド狙い

エントリーまでの流れ

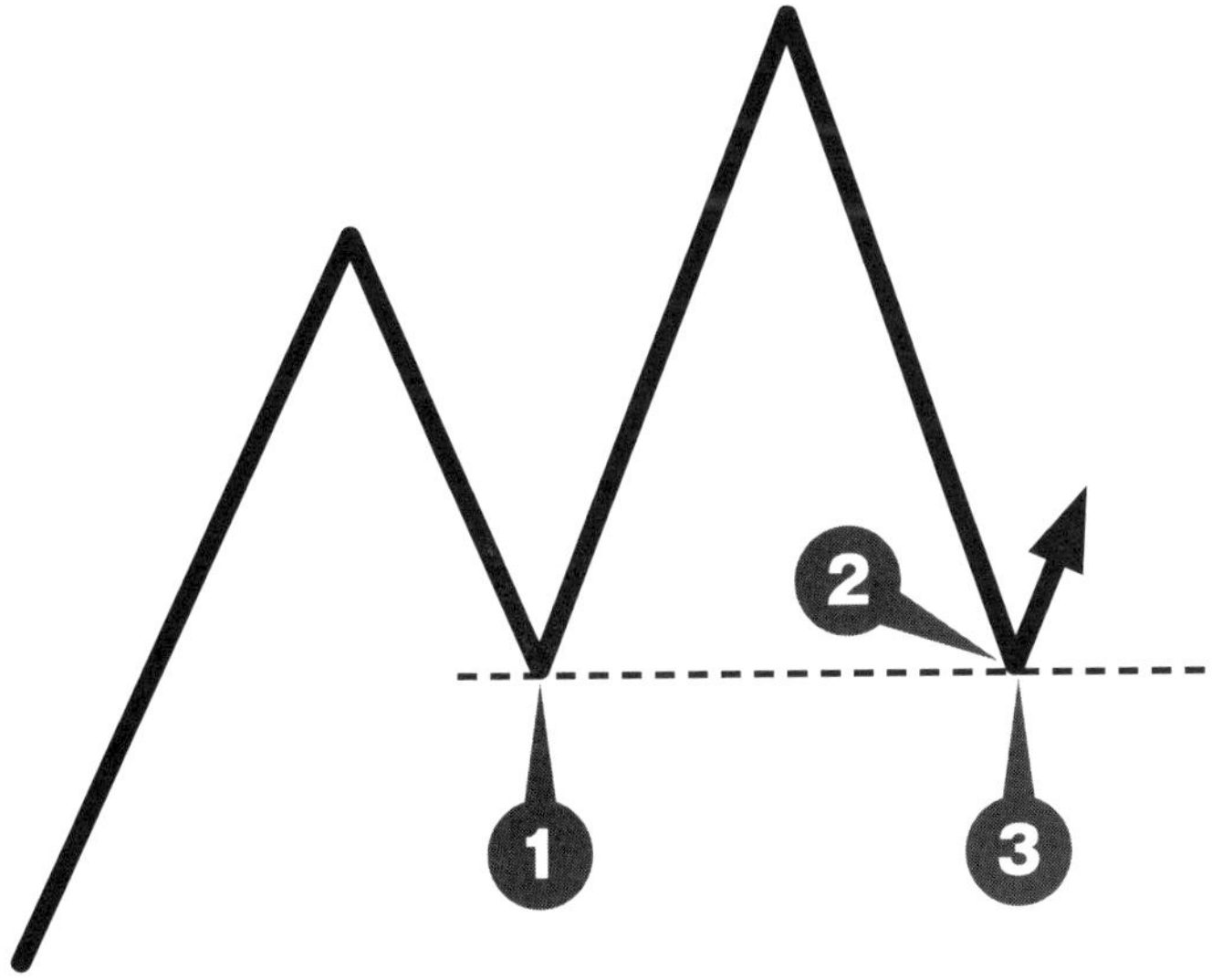

①５分足チャートを使って安値を特定する

⬇

②株価が狙った安値近辺まで下がって
くるのを待つ

⬇

③リバウンドしそうだと判断したら買う

CHAPTER 08

06 【実例解説】農業総合研究所（3541）

次ページのチャートは農業総合研究所の5分足チャートです。

まずは、「①5分足チャートを使って安値を特定する」ステップです。

Aの高値をつけた時点では、BとCが「目立つ安値」です。

これらの安値でリバウンドを狙います。

Bは288円、Cは297円。

D（298円）のところで、Cの安値近辺まで下がってきました。

この辺りで買います。

その後、株価は切り返し、309円まで上昇しました。

スキャルピングなので、値幅1～4円くらいで利食いしましょう。

農業総合研究所 リバウンド狙い

農業総合研究所 5分足チャート

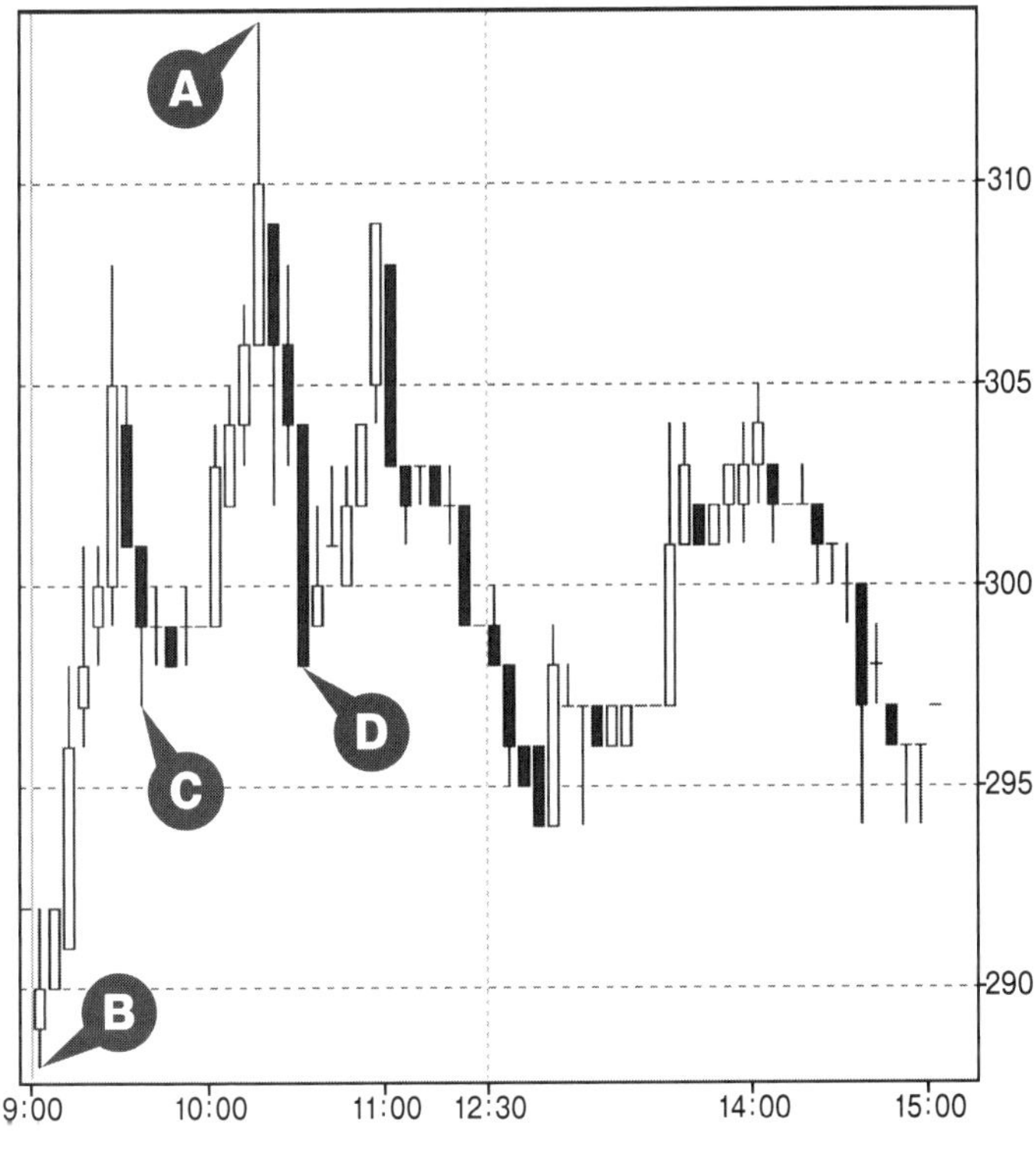

「目立つ安値」はB（288円）とC（297円）
これらの安値でリバウンドを狙う！

D（298円）で買い！

CHAPTER 08

07 手法の精度を上げるには「板状況の確認」が必須

「安値近辺でのリバウンド狙い」の精度を上げるには、「板状況の確認」が欠かせません。必須です。

「①」で特定した安値近辺の板状況を確認します。具体的には、「安値近辺の値段に（他の値段よりも）多くの買い注文が入っているかどうか」を確認します。

他の値段よりも多ければ多いほど、その安値近辺でリバウンドする確率が高くなります。株価が狙った安値近辺まで下がってくるのを待って、「②」と「板状況」から、株価がリバウンドしそうだと判断したら、狙った安値近辺で買います。

（このほかに、リバウンド狙い手法の精度を上げる方法が複数あります。20年以上、リバウンド狙いを続けてきて、気付いたことです。これについても、先ほど紹介した『note』の記事で公開しているので、そちらを参考にしてください。）

CHAPTER 08

08 リバウンド狙いは急落で入る

リバウンド狙いといっても、スタイルはさまざまです。じわじわと下がった後のリバウンドを狙うスタイルもあれば、勢いよく下がった後のリバウンドを狙うスタイルもあります。

どちらがよいかは、人それぞれです。

じわじわと下がった後に入った場合、急落に巻き込まれる確率は低いです。買った直後に急落するということは少ない。

しかし、リバウンドしないことも多いし、したとしてもかなり時間がかかることが多いです。

勢いよく下がった後に入った場合、急落に巻き込まれる確率は高いほうです。買った直後に急落することがときどきあります。

しかし、リバウンドすることが多いし、リバウンドするまでに時間もかからないことが多いです。サッと入って、サッと利食いできる。これが魅力です。

どちらがよいかは一概にいえません。自分に合ったほうでやるのが一番です。

ちなみに、私は勢いよく下がった後に入ることが多いです。

CHAPTER 08

09 上昇傾向の途中で下がったところを狙う

先にも述べた通り、私がリバウンド狙いのスキャルピングをメインにする理由の1つは、「どのような相場でも稼げるから」です。

上昇局面でも、下落局面でも、レンジでも、利益を狙えます。

しかし、上達するまでは、上昇局面だけに限定してトレードしましょう。

上昇傾向の途中で下がったところを狙います。

やはり、上昇傾向の銘柄のほうが勝率が高くなります。

下落局面では、下がった後、すぐにもう一段下がることがあります。そのため、リバウンド狙いで入った後、次の下げに巻き込まれて含み損が発生してしまうということがよくあるのです。

このような動きを想定しながらトレードしないと、利益を出せないわけです。

このようなことから、まずは上昇局面だけに限定してトレードしましょう。
そして、慣れてきたら、下落局面やレンジでもトレードをしてみましょう。
「上昇傾向か、下落傾向か」の見極め方はざまざまな方法がありますが、「高値・安値を使った見極め方」がおすすめです。
高値と安値を切り上げていれば上昇傾向
高値と安値を切り下げていれば下落傾向
もちろん、他の見極め方を使ってもかまいません。

上昇傾向の銘柄を狙う

高値・安値を切り上げて上昇傾向

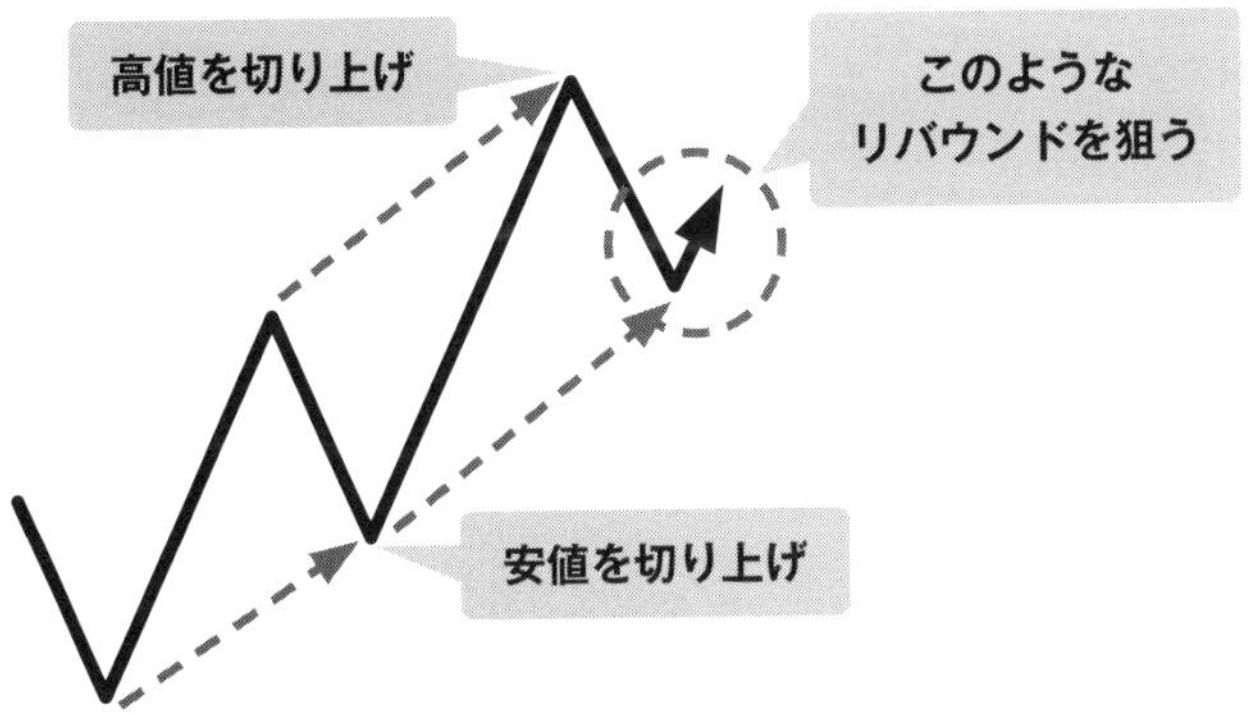

高値・安値を切り下げて下落傾向

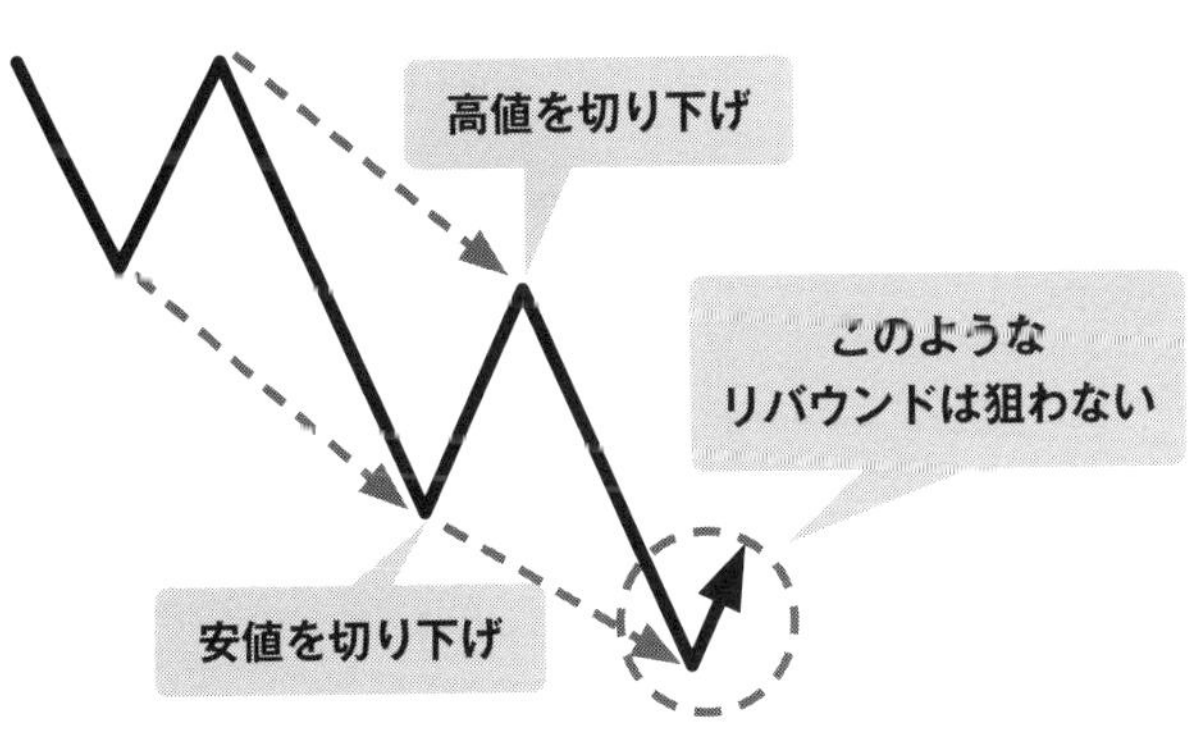

CHAPTER 08

10

押しで上手く拾えたら「大きな利益狙い」に切り替える

スキャルピングで買った場合、基本的には、買値から数円ほど値上がりしたら利食いします。

だいたい1～5円の値幅で利食いしています。

しかし、「押しで拾えた」と思える場合は、もっと大きな値幅を狙うトレードに切り替えてもいいでしょう。

押しとは、上昇トレンド中の「一時的な下げ」のことです。

急騰した銘柄のリバウンド狙いをしていると、押しで拾えることがよくあります。

「下がったときにリバウンド狙いで買ったら、たまたまそこが押しで、その後、株価が元の上昇トレンドに戻って大きく上昇した」ということがよくあるわけです。

買値から数十円上がることもあります。また、ストップ高になり、翌日も数十円上がることがあります。

このように大きな値幅を取れるチャンスに、わずか数円の値幅で利食いしてしまうのは勿体ないことです。

そこで私は、「押しで拾えた」と思える場合は、ポジションの半分を数円の値幅で利食いし、残りの半分で大きな値幅を狙うようにしています。

【実例解説】ノイルイミューン・バイオテック（4893）

では、リバウンド狙いのスキャルピングで入って、大きな値幅を取れた実例を紹介しましょう。

次ページのチャートは、ノイルイミューン・バイオテックの1分足チャートです。

前々日の大引け後に、「タカラバイオと、がん患者自身のリンパ球を用いた自家のPRIMECAR-T細胞であるNIB103の開発に関する業務提携契約を締結」という好材料が出ました。

Aのところで、高値と安値を切り上げているので、上昇傾向だと判断しました。

Bの辺りで、リバウンド狙いで買いました。

買値は204円、205円。

買った後、株価はすぐに反発して含み益が出ました。

ノイルイミューン・バイオテック リバウンド狙い

ノイルイミューン・バイオテック 1分足チャート

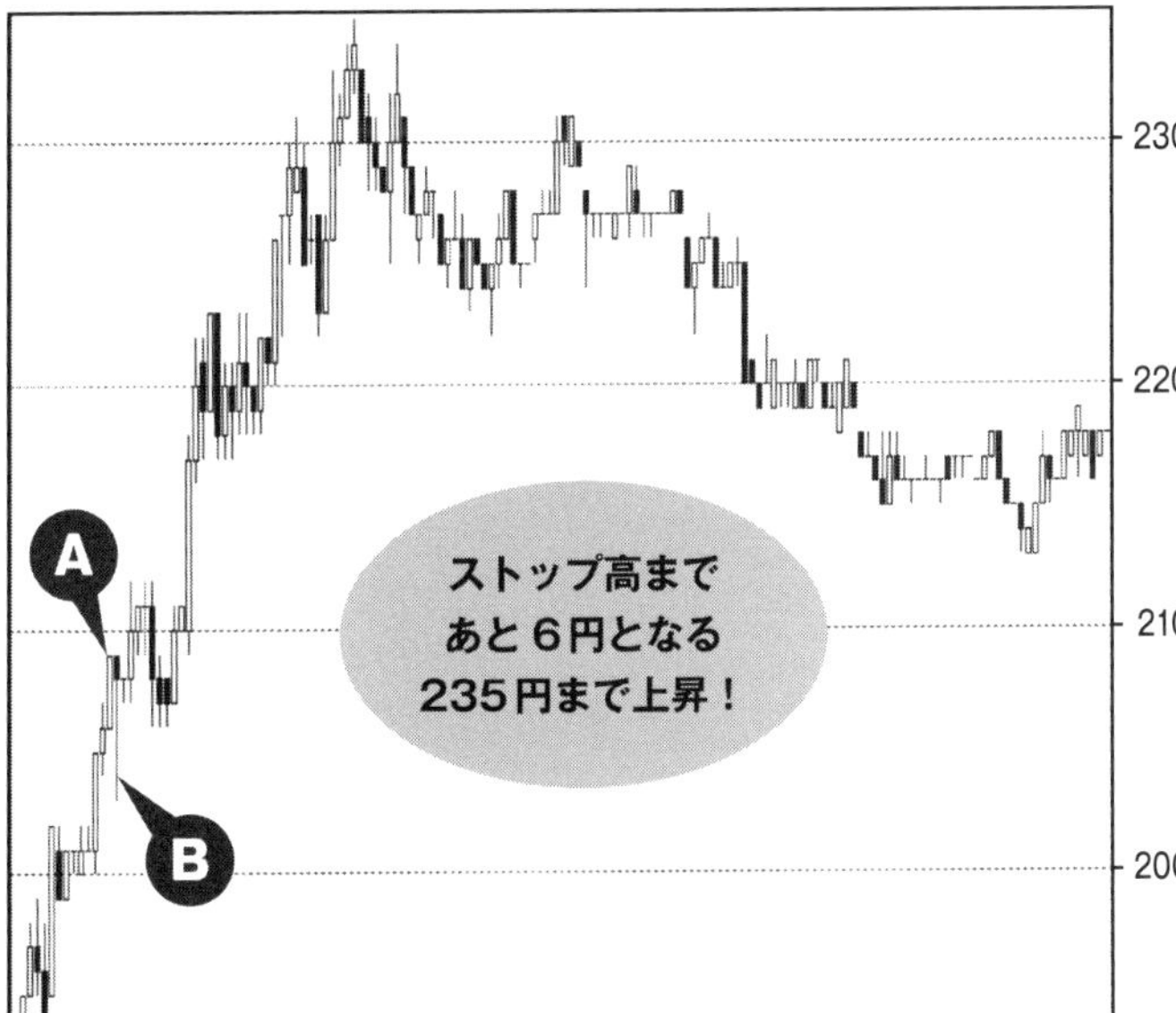

B(204円、205円)で買い!

⬇

ポジションの半分を208円で利食いし、残り半分のポジションで大きな値幅を狙う!

⬇

ストップ高まであと6円となる235円まで上昇!

そこで、ポジションの半分を208円で利食いし、残り半分のポジションで大きな値幅を狙うことにしました。

理由は、「上昇傾向の押し目で上手く拾えた」と思ったからです。

その後、株価は235円まで上昇しました。ストップ高まであと6円のところです。

そこから株価が伸び悩んでしまったので、230円辺りで利食いしました。

「3、4円の値幅で利食いしよう」と思ってスキャルピングで買ったのですが、25円もの値幅を取れたわけです。

このように、上昇傾向の銘柄にリバウンド狙いで入って、上手く押しで入れたなと思ったら、大きな値幅を狙ってみるのもいいでしょう。

CHAPTER 09

第9章

レンジ手法をマスターしよう!

CHAPTER 09

01 レンジでのスキャルピング・スタイル

この章では、「レンジでのスキャルピング・スタイル」について解説します。

レンジとは、株価が一定の高値と安値の範囲内で変動する状態のことです。

たとえば、高値320円と安値300円の間で推移している状態（上げ下げしている状態）です。

やや大きな値幅を狙うデイトレードの場合、上昇、または下降のトレンドが発生していないと利益を出せません。

しかし、レンジでのスキャルピングもできるようになれば、トレンドが発生しているときはやや大きな値幅を狙うデイトレードで、レンジになっているときはスキャルピングで利益を狙う、ということができるわけです。

レンジになることはよくあることなので、しっかりマスターしましょう。

CHAPTER 09

02 わかりやすいレンジはなかなかない

レンジを探すときに注意したいのが、「高値が揃って、安値も揃うという、わかりやすいレンジはなかなかない」ということです

たとえば、「複数の高値が520円で揃って、複数の安値が500円で揃う」といったレンジです。

このようなレンジを探していると、トレードのタイミングがなかなかありません。たいがいは、1番目の高値に対して、それ以降の高値が数円上がっていたり下がっていたり、1番目の安値に対して、それ以降の安値が数円上がっていたり下がっていたりします。

はじめのうちはレンジになっているのかどうか、わかりにくいと思いますが、意識しながら探していると、わかるようになります。

CHAPTER 09

03 レンジになりそうな状況を早めに把握する

レンジでのトレードでは、レンジになりそうな状況を早めに把握することが大切です。たとえば、上がっていった株価が直近の高値とほぼ同じ水準で止められて下がってきたら、「レンジになる可能性がある」と想定しておきます。

次ページの図でいえば、Bから上がっていった株価が直近の高値Aとほぼ同じ水準であるCで止められて下がってきたら、「レンジになる可能性がある」と想定しておきます。

こうすることで、直近の安値であるBとほぼ同じ水準で株価が止められたり、少し反発したら、買いで入ることができます。もちろん、一旦、下げ止まった後、レンジにならないでBの水準を下抜けていくこともあるので、板を使ってBの水準に買いが多く入っていることを確認しましょう。レンジになりそうな状況を早めに把握することで、他のトレーダーよりも早く買うことができ、後からレンジに気づいた人の買いで利食いできます。

レンジになることを想定して買う

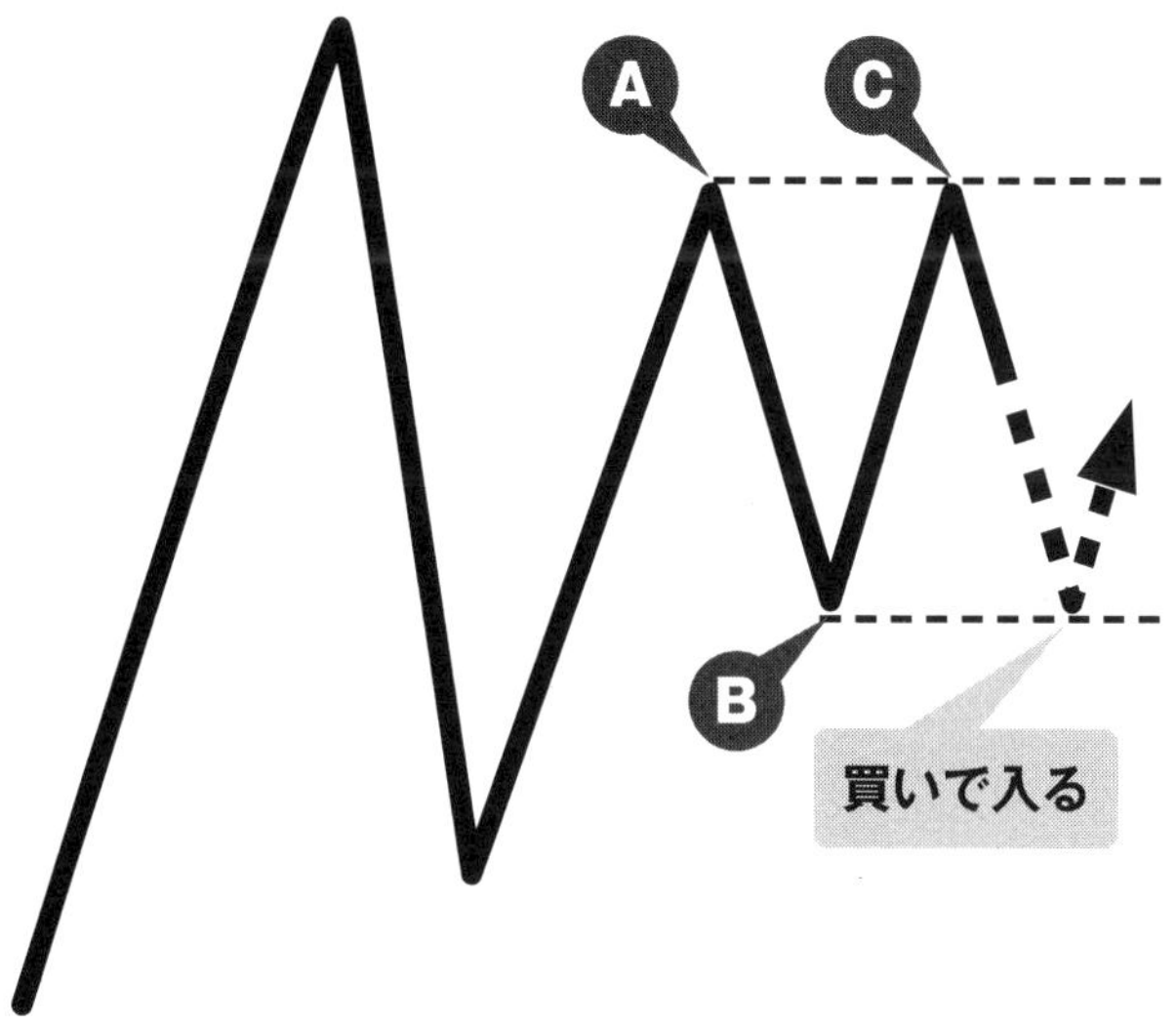

直近の高値Aとほぼ同じ水準であるCで
止められて下がってきた
↓
「レンジになる可能性がある」と想定しておく
↓
直近の安値であるBとほぼ同じ水準で止められたり、
少し反発したら、買いで入る

CHAPTER 09

04

レンジの値幅が狭いときはトレードしない

レンジは下限と上限の値幅が大きいこともあれば、狭いこともあります。

スキャルピングは小さな値幅を狙うトレードといっても、レンジの値幅が狭い場合は利益を出しにくいです。

たとえば、株価500円の銘柄で、レンジの下限と上限の値幅が4円しかなかったとします。この場合、最大で4円の値幅を取れます。スキャルピングとしては十分な値幅です。

しかし、下限から上限いっぱいまでの値幅を取るのは難しいことです。普通は、下限と上限の間の一部の値幅を狙います。

たとえば、「下限と上限の値幅が10円で、その間で1～5円の値幅を狙う」というトレードをします。そのため、下限と上限の値幅が小さい場合はトレードを見送りましょう。なるべく、値幅の大きいレンジを狙ってトレードしてください。

CHAPTER 09

05

レンジでのスキャルピングは3つのことを前提にしてトレード戦略を立てる

レンジでのスキャルピングは、以下の3つのことを前提にしてトレードをします。

①レンジの上限はレジスタンスになることがある
②レンジの下限はサポートになることがある
③株価はレンジを上下どちらかに抜けると、抜けた方向に進みやすい

レンジの上限はレジスタンスになることがあります。株価がレンジの上限辺りまで上がっていくと、反落することがあります。同様に、レンジの下限はサポートになることがあります。株価がレンジの下限辺りまで下がっていくと、反発することがあります。

そして、株価はレンジを上下どちらかに抜けると、抜けた方向に進みやすくなります。

これらの前提を基にして、トレード戦略を立てるわけです。

CHAPTER 09

06 レンジでのスキャルピング・スタイルは2パターン

レンジでのスキャルピング・スタイルは2パターンあります。

パターン①……レンジの下限で買い・上限でカラ売り
パターン②……レンジのブレイクアウト

基本的なパターンは「パターン① レンジの下限で買い・上限でカラ売り」です。レンジが続くかぎり、このパターンで利益を積み上げていくことができます。

「パターン② レンジのブレイクアウト」は、ブレイクアウト・スタイルの1つです。大きな値幅を取れることもあります。

CHAPTER 09

07 パターン① レンジの下限で買い・上限でカラ売り

「パターン① レンジの下限で買い・上限でカラ売り」は、基本的なパターンです。

「レンジの上限はレジスタンスになることがある」「レンジの下限はサポートになることがある」ということを前提にして入ります。

以下のようなトレードをします。

レンジになっていることを確認する
⇐
株価がレンジの下限辺りまで下がってきたら買い
株価がレンジの上限辺りまで上がってきたらカラ売り

まずは、1分足チャートか5分足チャートで、株価がレンジになっていることを確認します。

その後、株価がレンジの下限辺りまで下がってきたら買いで入り、株価がレンジの上限辺りまで上がってきたときにはカラ売りで入ります。カラ売りができない場合は、買いだけで入ります。

買いの場合、株価がレンジの下限辺りで反発し、レンジの上限に向かう動きで利益を狙う
カラ売りの場合、株価がレンジの上限辺りで反落し、レンジの下限に向かう動きで利益を狙う

レンジが続くかぎり、このようなスキャルピングを繰り返して、利益を積み上げていくわけです。

レンジにおけるスキャルピングの基本的なパターン

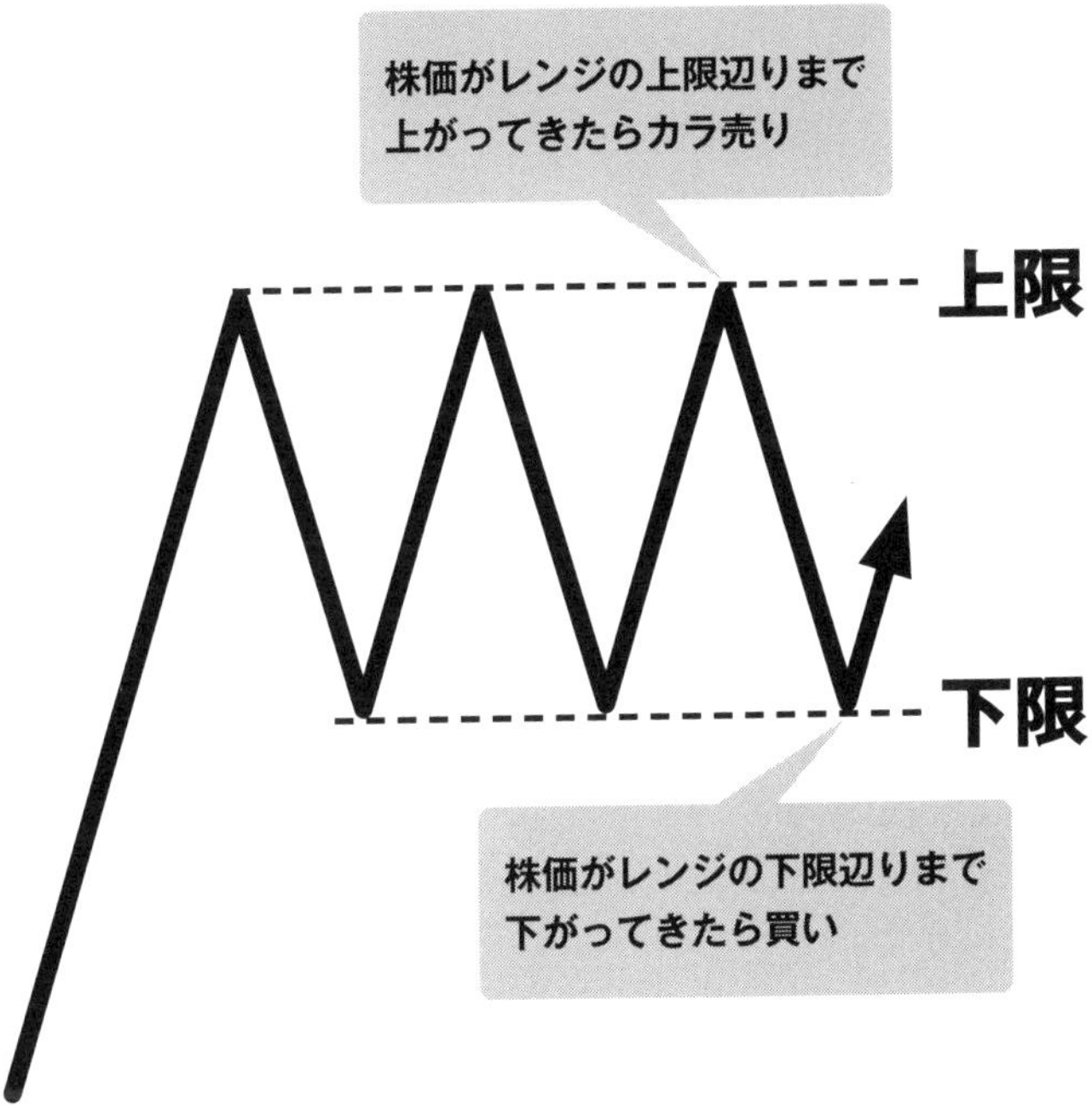

レンジになっていることを確認する

↓

株価がレンジの下限辺りまで下がってきたら買い
株価がレンジの上限辺りまで上がってきたらカラ売り

↓

それぞれの反発途中で利食いする

CHAPTER 09

08 【実例解説】ジェイ・エスコムホールディングス（3779）

次ページのチャートはジェイ・エスコムホールディングスの1分足チャートです。

高値A（221円）の後に安値B（209円）ができ、そして、高値C（222円）ができました。この時点で、「もし、レンジになれば、安値Bの株価辺りで反発するかもしれない」と想定しておきます。ただ、「レンジになる」と決まったわけではないので、209円辺りで反発すれば、買います。

株価は高値Cから下落していき、Dのところで210円の安値をつけて反発しました。

ここで買います。買値は213円。

その後、株価はレンジの上限まで上昇しました。スキャルピングなので、買値から数円上がったタイミングで利食いします。

【実例解説】
ジェイ・エスコムホールディングス
レンジ下限からの反発狙い

ジェイ・エスコムホールディングス 1分足チャート

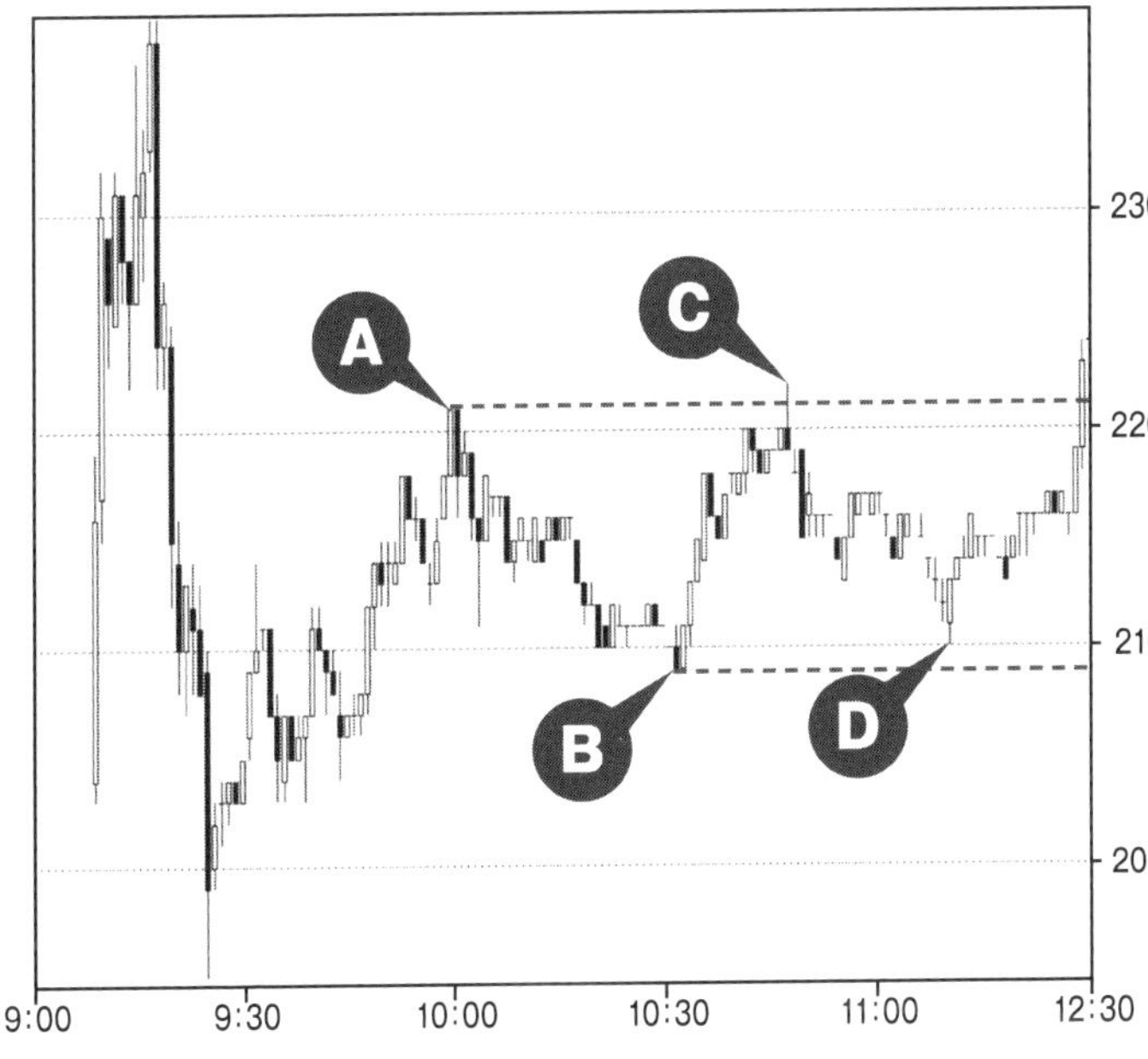

レンジ下限近辺で反発

↓

213円で買い

↓

数円上がったタイミングで利食いする

CHAPTER 09

09 パターン②レンジのブレイクアウト

次は、「パターン② レンジのブレイクアウト」です。

このパターンは、「株価はレンジを上下どちらかに抜けると、抜けた方向に進みやすい」ということを前提にして入ります。レンジの状態が終わって、株価が上下どちらか一方に進んでいくのを狙います。

以下のようなトレードをします。

レンジになっていることを確認する

⇩

株価がレンジの上限をブレイクアウトしたら買い

株価がレンジの下限をブレイクアウトしたらカラ売り

まずは、1分足チャートか5分足チャートで、株価がレンジになっていることを確認し

レンジの上限・下限を使ったブレイクアウト・パターン

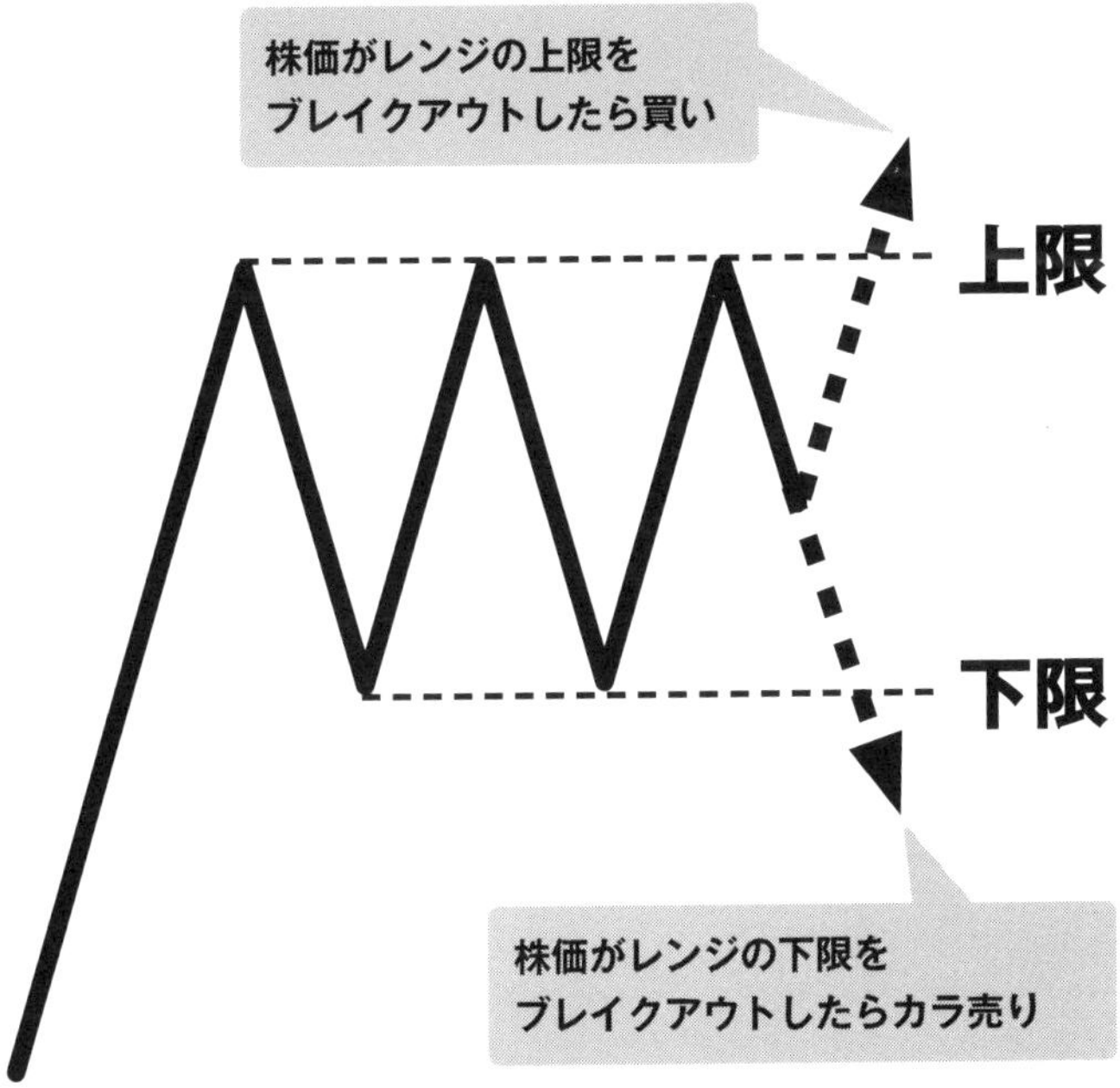

レンジになっていることを確認する

↓

株価がレンジの上限をブレイクアウトしたら買い
株価がレンジの下限をブレイクアウトしたらカラ売り

↓

ブレイクアウトの勢いによる値動きで利食いする
値動きによっては、大きな値幅を狙ってもよい

ます。ここまではパターン①と同じです。その後、株価がレンジの上限をブレイクアウトしたら買いで入り、株価がレンジの下限をブレイクアウトしたらカラ売りで入ります。カラ売りができない場合は、買いだけで入ります。

買いの場合、株価がレンジの上限を上にブレイクアウトして、そのまま上昇していく動きで利益を狙う

カラ売りの場合、株価がレンジの下限を下にブレイクアウトして、そのまま下落していく動きで利益を狙う

その後の値動き次第では、大きな利益を狙えることもあります。私の場合、そのような値動きのときはポジションの半分をスキャルピングとして利食いし、残り半分で大きな値幅を狙います。

ただ、ブレイクアウトした後、すぐにレンジ内に戻ってきてしまうこともよくあります。なるべく、パターン①のほうでトレードしましょう。

CHAPTER 10

第10章

板読み・歩み値読み手法をマスターしよう!

CHAPTER 10

01 「板読み」と「歩み値読み」のスキャルピングとは？

この章では、「板読み」と「歩み値読み」のスキャルピングを紹介します。

「板読み」「歩み値読み」のスキャルピングとは、「板状況の変化」や「歩み値の注文状況」から、株価が上がるか下がるかを推測するトレードです。

先に書いておきますが、難しいです。難易度が高い。

その理由は、「推測しなければいけないから」です。

「板状況の変化」や「歩み値の注文状況」から株価が上がるか下がるかを推測するには、それなりの経験が必要です。経験を積んで、やっと推測できるようになるわけです。

かなり難しいのですが、これができるようになってしまえば、スキャルピングでかなり稼げるようになります。それこそ、毎日を給料日にできるでしょう。

CHAPTER 10 02

「買いが優勢になるのか、売りが優勢になるのか」を見極める

板読みや歩み値読みでは、まず「買いが優勢になるのか、売りが優勢になるのか」ということを見極めましょう。

初心者の方は、買い手と売り手がチームに分かれていると仮定し、「買いチームが優勢になるのか、売りチームが優勢になるのか」と考えるとわかりやすいと思います。

買いチームが優勢になれば、買いで入る

売りチームが優勢になれば、カラ売りで入る

買いチームが優勢になれば、株価は下がりにくくなったり、上がりやすくなります。買いで入れば、利益を得られる可能性が高くなるわけです。

売りチームが優勢になれば、株価は上がりにくくなったり、下がりやすくなります。カラ売りで入れば、利益を得られる可能性が高くなるわけです。

CHAPTER 10

03

板や歩み値に「強い味方」が現れたらスキャルピングで利益を得るチャンス

では、何によって「買いチームが優勢になるのか、売りチームが優勢になるのか」を判断すればよいのでしょうか。

これはいくつかあるのですが、初心者の方が最もわかりやすいのは「まとまった注文」「極端に多い注文」です。

他の値段に入っている注文よりも、かなり多い株数の注文が入ってくる。

これだけで、「板の雰囲気」ががらりと変わります。

たとえば、ある値段に「極端に多い買い注文」が入ってきたとします。

買いチームにとっては「強い味方が現れた」ということになります。売りチームにしてみれば、「強い敵が現れた」ということになります。買いチームは強気になり、売りチームを攻めていく。売りチームは弱気になり、買いチームを攻めていかなくなります。これによって、株価は上がりやすくなります。買いで入れば、利益を得られやすくなるわけです。

逆に、ある値段に「極端に多い売り注文」が入ってきたとします。売りチームにとっては「強い味方が現れた」ということになります。売りチームは強気になり、買いチームにしてみれば、「強い敵が現れた」ということになります。買いチームは弱気になり、売りチームを攻めていく。買いチームは下がりやすくなります。これによって、株価は下がりやすくなります。カラ売りで入れば、利益を得られやすくなるわけです。

このように、板や歩み値に「強い味方」が現れたら、スキャルピングで利益を得るチャンスになるわけです。

CHAPTER 10

04

【エントリー・タイミング①】極端に多い買い注文が出たら積極的に入る

板を見ていると、「極端に多い買い注文」が出てくることがあります。

たとえば、「どの値段にも数千株程度しか買い注文がないのに、ある値段にだけ5万株以上の買い注文が出てくる」といった状況です。

この買い注文が「見せ板」かどうかを確認するのは、なかなか難しいことです。見せ板とは、実際に取引する意思のない注文のことです。見せ板だとしても、株価は動くことが多いです。

買いチームにとっては「強い味方が現れた」ということになり、強気で上値が買われ、株価が上がりやすくなります。とくに、直近で大きく動いた銘柄の板に、極端に多い買い注文が出ると、それが「上昇の合図」のようになり、上がっていくことが多いです。

ただし、板にずっと出ていた注文では、株価が動きません。その注文が出ていることは、

極端に多い買い注文が出たら「上昇の合図」

売株数	気配値	買株数
6000	505	
4000	504	
2000	503	
2000	502	
5000	501	
	500	5000
	499	4000
	498	3000
	497	5000
	496	2000

↓ 数秒後

売株数	気配値	買株数
6000	505	
4000	504	
2000	503	
2000	502	
5000	501	
	500	5000
	499	4000
	498	3000
	497	55000
	496	2000

極端に多い
買い注文が出現

極端に多い買い注文が出ると、それが「上昇の合図」のようになり、上がっていくことが多い

現在の株価に織り込まれているからです。「板状況の変化」がポイントになるので、どこかのタイミングで突然出てこないと、株価が動かないわけです。「強い味方」が急に現れるから、買うタイミングを待っていた人が買い注文を出して、株価が上がりはじめるわけです。

また、「極端に多い買い注文」は気配値の上にあるほど、株価が上がりやすくなります。多くのトレーダーは上にあるほど「買い意欲が強い」「見せ板である可能性が低い」と感じ、買ってきます。「強い味方が近くにいるほど、安心感がある」というわけです。

「極端に多い買い注文」の指値がどんどん上がってきて、株価もどんどん上がっていく。ということもよくあります。

ただ、「極端に多い買い注文」は消えてしまうことがあります。その場合、「板状況の変化」から株価が下がりやすくなるので、注意してください。

私自身、このエントリー・パターンでけっこう稼いでいます。年間にすると、かなりの金額になります。

「極端に多い買い注文」を見かけたら、リスクを限定して入りましょう。

CHAPTER 10

05

【エントリー・タイミング②】大口に乗る

スキャルピングでは基本的なスタイルがいくつかあります。

その1つが「大口に乗るスタイル」です。

大口の買い注文が実際に約定すると、一時的に株価がその方向に動くことがあります。

たとえば、大口の買い注文が出て実際に買われると、株価が一時的に上昇します。

この動きに乗って、利益を狙うわけです。

歩み値を見ていると、ときどき、株数が極端に多い買い注文が出てきます。

よく、「大口が買った」といわれます。この「強気の買い」に便乗して、買う人がけっこういます。これも、「買いチームにとって、強い味方が現れた」というように思うからです。

そのため、株数の多い買い注文が出た直後は、株価が上がりやすくなります。

基本的なスタイルなので、やっている人も多いです。

単純なやり方なのですが、実際にやってみるとかなり難しいです。

出来高が急増している銘柄では、このスタイルでのトレードのチャンスが多いのですが、値動きが速いので難易度はかなり高いです。

それでも、このやり方で稼げるようになれば、手に職をつけたのと同じようなことなので、スキャルピングでコンスタントに稼げるでしょう。

大口に乗るスタイル

歩み値

時刻	価格	出来高
09:21	353	5.5
09:21	353	3.3
09:21	352	2.2
09:20	352	6.5
09:20	352	0.2
09:20	352	1.5
09:20	352	1.5
09:20	351	4.7
09:20	351	3.7
09:20	351	0.7
09:20	351	4
09:20	350	42.5
09:20	350	0.5
09:20	350	2.2
09:20	350	6
09:20	350	4.7
09:20	350	1.5
09:20	349	0.5
09:20	349	3
09:20	349	5.7
09:20	349	5.5
09:20	349	5.5

極端に多い
買い注文

歩み値を見ておく

↓

株数が極端に多い買い注文が出る

↓

株価が大きく上がらないうちに買う

おわりに

本書の内容はいかがでしたでしょうか。

「はじめに」で書いたように、私が約21年のデイトレード経験で得た、スキャルピングの知識やノウハウを書きました。

本書を最後まで読んでいただいたということは、スキャルピングで儲けるために最低限必要な知識とノウハウは会得したはずです。

もちろん、スキャルピングで継続して稼げるようになるには、「実践的な技術」や「経験」も必要です。

これらは実際のトレードを通じて身につけてください。

本書には、スキャルピングの知識やノウハウを可能なかぎり詰め込んだつもりです。

もちろん、スキャルピングで儲ける知識や儲けるノウハウはほかにもあります。

「さらに踏み込んだ内容で、もっとノウハウを学びたい」という方は『note』の記事で公開しているので、そちらを参考にしてください。『note』のURLは巻末のプロフィールに記載しています。

最後になりましたが、読者の皆さんがスキャルピングで毎日を給料日にできるよう、心から祈っております。

二階堂重人

〈著者略歴〉　**二階堂 重人**（にかいどう・しげと）

専業トレーダー。テクニカル分析を駆使したデイトレードやスイングトレードが中心。株、FXの双方で月間ベースでは８割以上という驚異の勝率を叩き出し、波乱の相場環境でも着実に利益を重ねている。著書は50冊以上、累計103万部。
主な著書に、『眠れなくなるほど面白い 図解 株式投資の話』『最新版 これから始める株デイトレード』『株トレード １億円を目指すチャートパターン』（日本文芸社）、『株は順張り!! 勝率８割以上の常勝トレーダーになる！』（standards）、『一晩寝かせてしっかり儲けるオーバーナイト投資術』（東洋経済新報社）、『株ブレイクトレード投資術 初心者でも１億円！ 相場に乗って一財産築く、大勝ちの法則』（徳間書店）、『世界一わかりやすい！ FXチャート実践帳 スキャルピング編』『世界一わかりやすい！ FXチャート実践帳 トレンドライン編』『世界一わかりやすい！ FXチャート実践帳 スイングトレード編』（あさ出版）、『株トレード カラ売りのすごコツ80』『株 デイトレードのすごコツ80』『FX デイトレードのすごコツ80』『最新版 株デイトレードで毎日を給料日にする！』『FX 環境認識トレードで毎日を給料日にする！』『株 デイトレードレッスン』『FX トレードレッスン【厳選35問】』『FX 常勝のトレードテクニック』『FX 常勝の平均足トレード』『FX 常勝の平均足ブレイクトレード』『ビットコインのデイトレード 儲けのルール』（すばる舎）などがある。

【公式サイト】https:// 二階堂重人 .com

【X（旧：ツイッター）】@shigeto_nikaido

【note】https://note.com/shigeto_nikaido

※投資は自己責任です。本書は資産運用に役立つ情報を提供する目的で編纂されていますが、実際の意思決定はご自身の責任において行ってくださいますようお願いいたします。本書の情報を参考に投資した結果、損失等が発生した場合であっても、著者、出版社、その他関係者は一切の責任を負いません。

編集 ―野口 英明
DTP 制作 ―加藤 茂樹

株スキャルピングで毎日を給料日にする！

2024 年 11 月 26 日　第 1 刷発行

著　者――二階堂 重人
発行者――徳留 慶太郎
発行所――株式会社すばる舎
〒170-0013　東京都豊島区東池袋 3-9-7 東池袋織本ビル
TEL　03-3981-8651（代表）　03-3981-0767（営業部）
FAX　03-3981-8638
URL　https://www.subarusya.jp/
装　丁――菊池 祐（ライラック）
印　刷――株式会社光邦

ISBN978-4-7991-1278-6